상처 없는 사람은 없다

상처 없는 사람은 없다

초판 1쇄 발행 2013년 7월 15일

지은이 김경희
펴낸이 전용준
펴낸곳 보아스

주소 서울시 마포구 성산1동 629-14번지
전화 02-332-1238
팩스 02-335-1238
이메일 boazbook@naver.com

ISBN 978-89-98406-03-5   03180

* 책값은 뒤표지에 있습니다.
* 잘못된 책은 구입처에서 교환하여 드립니다.
* 이 책은 저작권자와 계약에 따라 발행한 것이므로 본사의 허락 없이는 어떠한 형태나 수단으로도 이 책의 내용을 이용하지 못합니다.

상처 없는 사람은 없다

이제 상처를 보낼 시간

| 김경희 지음 |

보아스

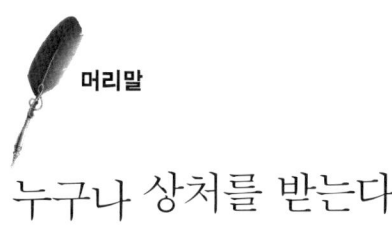 **머리말**

누구나 상처를 받는다

언제부터인가 '상처(를 받았다)'라는 말이 자신의 부정적인 상태를 나타내는 대명사가 되었다. 기분이 상했을 때, 무안한 일을 당했을 때, 손해가 났을 때처럼 자신에게 좋지 않은 기억이나 감정으로 남으면 다 상처를 받았다고 한다.

실제로 상처와 무관한 사람은 한 명도 없다. 아마 세상이 제임스 힐튼의 소설 『잃어버린 지평선』에 나오는 샹그리라 정도는 되어야 상처와 무관한 사람이 생길지 모르겠다.

책의 저자가 히말라야 산맥을 넘다가 발견한 샹그리라는 가공의 지상낙원, 유토피아라고 할 수 있다. 그곳에 사는 사람들은 영원히 젊음을 유지하며 내적인 평화가 충만하다.

안타깝게도 현재 딱딱한 아스팔트와 콘크리트에 둘러싸인 우리의 상황에서는 샹그리라를 기대할 수 없다. 그렇다면 우리는 영원히 상처 없이 살 수 없는 걸까?

상처를 주고받지 않는 삶은 심리적으로 편하다. 밤잠을 설치지 않아도 되고 '내가 왜 그랬을까'라며 자책하지 않아도 된다. 또 상처준 사람을 미워하지 않아도 된다.

사람을 미워하는 것처럼 괴로운 일도 없다. 미움으로 전의를 불태울 시간에 좋은 감정 쌓기를 할 수 있다면 얼마나 좋을까.

우리들은 어느덧 상처의 주고받음에 익숙해졌다. 그러나 이제라도 미움 없이 편안하게 사는 것에 더 익숙해져야 한다.

'웰빙', '웰빙'을 외치지만 서로 상처를 주고받지 않는 것이 바로 웰빙이다. 아무리 좋은 건강식을 먹고 운동을 많이 해도 상처와 가까이 있으면 아무 소용이 없다. 이제는 상처와 헤어지기 위한 정신적인 웰빙을 해야 하지 않겠는가.

'상처'의 사전적 의미는 피해를 입은 흔적이다. 그리고 '피해'는 생명, 신체, 재산, 명예 등에 손해를 입는 것이다.

상처는 드러나지 않기에 치유가 어렵다. 그러므로 가능하면 받지 않는 것이 최선이다. 또한 상처는 자신의 문제이며 자신으로부터 시작된다는 것도, 상처받은 사람이 타인에게 상처를 준다는 것도 명심하기 바란다.

상처를 되도록 받지 않으면서 사는 것이 우리들 모두의 소망이다. 상처를 받은 후 견디는 시간들이 그동안 우리의 삶을 얼마나 피폐하게 했던가.

로마 시대의 역사가인 타키투스는 '사람들은 은혜보다 상처에 대해 되갚음을 잘한다. 은혜를 갚는 것은 짐이고 복수는 즐거움이기 때문이다'라고 했다. 상처는 상대를 끝없이 미워하고 언젠가 되갚아 줄 날을 지겹게 기다리면서 스스로 또 다른 상처를 내고 주변에 불신감을 갖게 만든다. 그렇게 패인 자리는 여간해서 메워지지 않는다. 받지 않을 수 있다면 받지 않는 것이 상책이다.

상처를 받지 않으려면 나 자신을 단단히 무장해야 한다. 주변과 벽을 쌓으라는 말이 아니라 나를 튼튼한 사람으로 만들라는 말이다. 내가 어떤 사람인지 알면서 부족한 것은 채우고, 넘치는 것은 과감히 쏟아버려 내면을 충실하게 만들어 외부의 자극에 강해져야 한다.

어떤 일이든 나부터 시작하는 것이 가장 좋다. 다른 사람을 변화시키는 일은 매우 어렵기 때문에 만일 다른 사람을 어떻게 하겠다는 생각을 갖고 있다면 성공할 가능성이 거의 없다.

보통 남 탓을 하면 상처는 자주 오고, 그 횟수가 많아지면 더 깊어지니 남 탓이 아닌 내 탓을 하는 것이 좋다. 자신의 탓이라고 하면 굳이 자신을 스스로 탓하기는 어려워서 상처가 더 깊어지지 않기 때문이다. 그러나 내 탓을 한다는 것이 말처럼 쉬운 일은 아니다. 상처의 원인이 자신이라고 해도 애써 부정하지 않는가. 상처를 주고받지 않으려고 하는 것이 현실적인 방안이라 할 수 있다.

이제부터 상처를 주고받지 않는 방법에 대해 친절하게 안내하고자 한다. 독자 여러분은 열심히 따라오면 된다.

우선 자신이 갖고 있는 상처의 원인을 판단한 후에 상처를 받지 않는 방법을 제시할 것이다. 그 방법은 생각보다 어렵지 않음을 미리 알려둔다.

그리고 이미 받은 상처를 빠르게 극복하는 방법에 대해 설명한다. 상처는 방치하면 더 커지니 상처를 극복하는 방법은 극복 이상의 의미가 될 것이다.

그다음으로 상대방에게 상처 주지 않는 방법도 숙지할 필요가 있다. 상처를 주지 않겠다는 자세는 적극적인 삶의 실천이므로 결국은 나 자신을 위한 것이기도 하다.

마지막으로 각자가 필요에 의해 속한 '모임'에서 구성원들과 상처를 줄이고 지내는 방법을 제시한다. 모임은 이미 개인에게 삶의 한 부분이므로 모임 내 관계에서 받은 상처는 개인의 삶에도 큰 영향을 미친다. 이 관계에서 발생하는 상처에 대한 이야기다.

　이 모든 과정이 나 자신과 상대방, 그리고 우리들의 '성장하는 삶'과 '행복한 삶'을 위한 필수조건이라고 생각했으면 한다.

　상처 없는 사람은 없다. 그러므로 상처를 받았다고 좌절하지 말고 해결하기 위해 온 힘을 기울여야 한다. 이 책의 내용을 바탕으로 더 이상 상처를 받지 않는 여러분이 되길 바란다.

차례

머리말 누구나 상처를 받는다 ··· 7

1장 '나' 그리고 상처 _ **내가 상처받는 이유**

상처는 나에게서 시작된다 ··· 16
왜 상처를 받는가 ··· 18
상처의 원인 ··· 23

2장 '나' 그리고 상처 _ **상처받지 않는 방법**

단점을 인정하라 ··· 64
만나서 힘들다면 차라리 관계를 끊어라 ··· 73
화와 슬픔을 주의하라 ··· 79
내 탓을 하면 편하다 ··· 89
솔직한 게 편하다 ··· 94

3장 '나' 그리고 상처 _ **상처를 극복하는 방법**

상대방에게서 찾아라 ··· 98
자신을 성장시키는 시간으로 생각하라 ··· 106
나보다 더 힘든 사람이 있다는 것을 기억하자 ··· 112
몰두할 수 있는 취미를 갖는다 ··· 116
필요하다면 종교를 가져라 ··· 121

4장 '상대방' 그리고 상처 _ **상처를 주지 않는 방법**

'한순간의 실수'를 조심하라 … 124
부탁을 하면 되도록 들어준다 … 128
똑똑하게 말하라 … 135
지적에 앞서 상대방의 훌륭한 점을 먼저 찾아라 … 146
상처준 것을 알았으면 진심으로 사과한다 … 151
상대방이 약자라면 두 배로 조심하자 … 159

5장 '우리' 그리고 상처 _ **모임에서 상처를 주고받지 않기**

왜 모임에 소속되려 하는가? … 166
모임의 속성 … 173
모임에서 받을 수 있는 상처 … 186
상처 없는 모임이 되는 방법 … 195

6장 **상처에서 멀어지기**

인간관계의 재정비 … 208
오래, 길게 보자 … 216

1장

'나' 그리고 상처

내가 상처받는 이유

상처의 핵심은 바로 '나'이다. 대상도 원인도 사실은 '나'다. 상처가 두려운 이유는 원인과 대상이 바로 나 자신이기 때문이다. 그러나 자신이 피해자라고 생각하는 바람에 그 사실을 우리는 항상 간과한다.

다른 사람에 비해 내가 갖지 못한 그 무언가가 있을 때, 그 무언가에 대해 다른 사람이 알았거나 비교되는 상황을 만날 때 '나'는 상처를 받는다. 또한 상대적으로 열등감을 느낀다. 내가 갖지 못한 무언가는 처음부터 그런 상황이었지만 열등감은 그로 인해 생긴 감정이다.

이제부터 이러한 것들과 그 관계에 대해 확실하게 알아야 한다.

상처는 나에게서 시작된다

여교사를 대상으로 상처를 받지 않고 살아가는 방법에 대해 강의한 적이 있다. 그중 한 교사는 자신이 가르치는 과목이 국영수처럼 학생들에게 중요하게 여겨지는 과목이 아니어서 늘 뒤처지는 기분이 들며 교사들 사이에서 상처를 받는다고 말했다.

중요한 과목이 아니어서 받는 상처는 실직을 했거나 가난한 것에 비하면 아무것도 아닐 수 있겠지만 그 여교사 입장에서는 학생들이나 사회에서 중요하게 생각하는 과목을 갖지 못했다는 현실이 상처인 것이다.

그러나 조금만 더 생각해보면 대학에서 공부한 전공도, 교사가 된 것도 모두 자신이 선택한 것이므로 지금 느끼는 상처의 원인은 사실 자신(의 선택)이다. 결코 다른 사람이 아니다.

 돈이 없는 것도, 학력이 뒤떨어지는 것도, 내세울 것이 없는 집안도 모두 자신에게서 시작된다는 사실은 천지가 개벽해도 바뀌지 않는다.

 그런데도 우리는 상처의 주체가 자신이라는 말에 선뜻 동의하지 않는다. 누군가 때문이라고, 어떤 현상 때문이라고 변명할 수 있는 피해자의 위치가 좀 더 나은 경우가 많아서다. 하지만 피해자라면서 상처를 떠나보내려는 노력을 하지 않고 가만히 있을 수 없다. 상처에 당당히 맞서 이겨내야 더 나은 성공을 기대할 수 있기 때문이다.

 '나 때문이다'라고 생각하는 것과 '왜 나 때문인가'를 아는 것은 차이가 많다. 정확히 알기만 한다면 예방뿐만 아니라 치료까지 가능하다. 이제 그 정확한 진단을 해보자.

왜 상처를 받는가

　우리는 남보다 자신이 못하다고 인식할 때 바로 열등감을 느낀다. 자신이 뒤떨어지는 것 자체에 대해서는 문제라고 생각하지 않지만 누군가와 비교되고 그로 인해 자신이 소심해지면 사람들 거의 대부분은 열등감을 느끼게 된다.
　이러한 열등감이 그 자체로 그냥 있으면 좋은데, 결코 그렇지 않다. 열등감을 느끼는 자신을 보호하기 위해 방어하고 보복하려는 '행동'을 시작한다. 그런 바람에 우리는 (내가 없는 것을 내 앞의 사람은 갖고 있어서, 내 단점을 비교당해서 등의 이유로) 상처를 받았다고 생각하게 된다. 그 '행동'을 좀 더 자세하게 설명하기 위해 방어, 유지, 대체의 세 가지 측면으로 살펴 보겠다.

방어의 측면

사하라 사막의 개미는 무리를 지어 이동하는 다른 개미들과 다르게 혼자 다닌다. 개미가 하루에 움직이는 거리는 200미터 정도인데 이 거리를 사람의 신체로 환산해서 다시 계산해보면 50킬로미터 정도 된다.

사하라 사막의 개미들이 지형지물조차 없는 사막에서 길을 잃지 않고 집으로 돌아올 수 있는 이유는 그들이 자신의 걸음 수를 세기 때문이다. 다르게 설명하면 항법장치에 쓰이는 계산법과 유사하다고 볼 수 있다. 이들이 걸음 수를 세는 행동은 길을 잃을 것에 대비한 불안심리 방어기제이다.

우리들도 불안감을 느끼면 그것에 대항해 방어할 여러 방법을 마련한다. 자신의 열등감이 공격당하면 상처받는 동시에 복수의 칼날을 세운다. 이것은 집으로 돌아가지 못할까 봐 두려워서 걸음 수를 세는 개미의 본능과 같다. 열등감에 대해 본능적으로 민감하게 반응한 자신을 결국 상처로 받아들이는 것이다.

유지의 측면

우리들은 자신이 믿고 싶은 것만 믿는 '확증 편향'을 갖고 있다. 자신이 믿고 싶은 것을 방해하는 다른 현상이나 조언, 증거 등은 (설령 객관적으로 확실하고 세상의 이치에 맞는다고 해도) 다 무시하려고 한다.

보통 부모들은 자식이 사고를 치면 절대 그럴 리 없다고 한다. 누가 봐도 그럴 리 있는데 그 부모만 아니라고 한다. 자식의 성장과정에서 봤던 장점을 부정하고 싶지 않아서 그렇다. 심지어 확실한 증거가 있어도 그럴 리 없다고 한다.

내가 상대방보다 못한 부분이 있을 때 그것을 알고 있지만 인정하지 않는다. 내가 알고 있는 못한 부분보다 나의 다른 부분에 대한 믿음이 더 강하기 때문이다.

우리들은 자신의 열등감을 믿으려 하지 않는다. 알고 있지만 무시하고 다른 좋은 것을 찾아 인정하려고 한다. 하지만 그렇다고 내게 없는 것이 생겨나지 않는다. 내게 없는 것을 인정하기보다 그렇지 않다고 확인해줄 증거를 찾아 열등감을 되받아치려고 하지만 그러는 사이에 상처는 겹겹이 주변에 쌓인다.

대체의 측면

사람은 부족한 것을 발견하면 다른 것으로 덮으려고 한다. 학력이 부족한 부자는 돈으로 부족한 학력을 덮는다. 외모가 뛰어난 사람은 돈이 많거나 배움이 많은 사람 앞에서 외모를 내세운다. 공부를 많이 한 사람은 부자나 뛰어난 외모를 자랑하는 사람을 똑똑하지는 않을 거라며 은근히 경멸한다.

모든 것을 다 가진 사람이라면 상관없겠지만 현실에는 그러한 사람이 없다. 완벽해 보이는 사람도 한두 개의 단점이나 부족한 점이 있기 마련이다. 그래서 모두 자신이 가진 것을 내세워 그것을 못 가진 사람을 공격해 상처를 주거나 받는다.

자신의 행동에 대한 보상심리도 대체의 측면에 들어갈 수 있다. 며느리 대부분은 시댁의 제사를 좋아하지 않는다. 제사는 남녀 간의 가장 불합리한 역할을 보여주며 그 과정 속에서 여자가 거의 대부분 일을 하는 불평등한 상황이 발생한다.

사실 제사는 왜 해야 하는가에 대한 논란이 많은 제도다. 먼 과거부터 제사는 효친(孝親, 부모에게 효도하다)의 대명사가 되어버리는 바람에 제사를 잘 지내야 제대로 된 집안이라고 생각하게 되었다. 또한 며느리는 당연히 시댁의 제사를 잘 지내야 한다는 분위기다. 시어머니도 분명 지금의 며느리처럼 느꼈던 적이 있었겠지만 시침 뚝 떼고 며느리에게 제사의 중요성을 강조한다. 아마 지난 시간 동안 노력했던 자신(시어머니)의 노력에 대한 보상심리가 남아 있기 때문으로 생각된다.

　학교 다닐 때 성적이 나빴던 부모는 자녀가 공부하지 않는 꼴을 못 본다. 왕년에 놀던 엄마는 딸이 노는 기미가 보이면 가차없이 제재를 가한다. 이런 엄마는 놀아봤기 때문에 노는 것을 다른 사람보다 더 빨리 알아차리는 장점이 있다. 사실 놀아봤으니 공부 못하는 자녀의 상황이나 노는 것을 더 잘 이해해줄 것 같은데 그렇지 않다. 이렇듯 보상심리는 내가 못한 것을 너는 해야 한다는 것도 있지만 내가 했었으니 너는 안 된다는 측면도 있다.

　열등감은 누구에게나 있다. 절대로 열등감 따위는 없을 것 같은 사람도 사실 갖고 있다. 단지 나와 똑같은 것을 같이 갖고 있지 않아 내가 느끼거나 알지 못할 뿐이다. 열등감은 각자 마음의 어두운 곳에서 숨죽이고 있다가 기회가 오면 그 모습을 상처로 드러낸다.

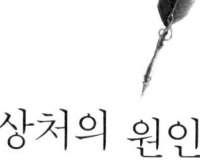

상처의 원인

　내가 상처받는 이유를 알아내기 위해서는 내게 없는 것을 찾으면 발견할 수 있다. 내게 없는 것, 내가 갖고 있지 않은 것은 채워지지 않은 욕구와 결합해 상처가 된다. 내게 없는 것, 내가 갖고 있지 않은 것을 알면 나의 열등감을 알 수 있고 상처의 원인을 발견할 수 있다.
　상처의 원인 중에서 성격적인 부분은 다루지 않겠다. 예를 들어, 소심한 성격 때문에 상처를 많이 받는다고 하는데 사실 '소심한 성격'은 원래 없다. 소심하게 될 수밖에 없는 상황만 있을 뿐이다. 그런 상황이 발생해 소심해지는 것이다. 자신이 스스로 부족하다고 생각되는 것을 많이 갖고 있는 사람이 앞에 나타나는 상황이 발생하면 누구나 소심해진다.

　내게 없는 것, 내가 갖고 있지 않은 것을 가족, 경제력, 학력, 외모, 능력 등 5가지로 나눠 살펴보려고 한다. 현대사회에서 이 5가지는 '어떤 사람인가'를 알리는 기본 정보이다. 있어도 그만, 없어도 그만이 아니라 반드시 있어야 한다고 생각하는 것들이다. 우리가 살아가는데 제일 기본적으로 욕구를 느끼며 필요하다고 생각하는 중요한 삶의 구성요소들인 것이다. 우리 모두는 이 5가지가 부족하지 않기 위해 부단히 노력하고 있지 않은가. 하지만 이 5가지는 갖지 못하는 속성이 있어서 사람들에게는 상처의 원인이 된다. 이 5가지를 구체적으로 살펴보면서 이것들이 없으면 왜 상처가 되는지 알아보겠다. 우선 '가족'에 대해서 살펴보려고 한다.

① 가족

　가족은 삶의 근원이자 모든 사람에게 존재의 의미다. '어떤 사람인가'를 말할 때 가족은 나를 설명해주는 첫 번째 매체다.

　여기서 상처의 원인으로 가족을 볼 때 일상의 자잘한 마찰은 포함하지 않는다. 그런 마찰은 어느 가족에게나 있다.

부모와 자녀들이 함께 참여하는 프로그램을 실시한 적이 있었다. 프로그램 중에 가족의 상처와 치유에 대한 시간이 있었다. 그 시간 동안 지켜보니 드러난 상처들은 문제가 되지 않는다는 점을 알게 되었다. 부모의 잔소리, 자녀들의 반항, 세대 차이, 형제간의 다툼은 자연스러운 가족의 일상이었으며 치유도 어렵지 않았다. 더러 어렵게 풀어내야 하는 가족들이 있었지만 시간이 좀 더 필요할 뿐 불가능하지는 않았다.

가족이 구성원에게 상처를 주게 되는 경우는 바로 구성원이 자신의 가족을 부끄럽게 여길 때다. 내 가족이 부끄럽다는 것은 누구에게도 말할 수 없으며 특히 다른 가족 구성원에게는 드러낼 수 없다. 사실 가족에 대한 생각은 모두 같지 않다. 미워하는 방식도 사랑하는 방식도 다르다.

오래전에 방영되었던 미국 드라마 〈야망의 세월〉(Rich Man, Poor Man)에 나오는 형제는 가족에 대한 생각이 달랐다. 모범생 형인 루디는 작은 빵집을 하는 부모와 형편없는 동생 톰을 부끄러워했으나 톰은 형을 자랑스러워하고 부모를 부끄러워하지 않았다. 주지사를 거쳐 상원의원이 되는 루디와 떠돌이 복서로 어두운 삶을 살아가는 톰의 인생은 드러난 행복과 불행 속에 가족에 대한 애증이 얽힌다. 루디는 가족에 대한 애정을 드러내지 않은 반면 톰은 여과 없이 드러냈다. 루디와 톰은 가족으로 인해 행복하고 또한 상처를 받는다. 이 드라마는 가족을 사랑하는 방식의 다름을 보여준다.

  김수현 작가의 드라마 〈사랑과 야망〉에는 한국판 루디와 톰이 있다. 공부 잘하고 반듯한 형 태준과 싸움만 하는 동생 태수는 가족을 사랑하는 방식도 다르다. 태준은 루디보다는 정에 약한 한국인이어서 그런지 가족이 아무리 부끄러워도 가족은 가족이라고 여기지만 가족을 향한 애증은 무섭도록 깊다. 가난한 집안, 고집 세고 독한 어머니, 싸움만 하는 동생과 절름발이 여동생. 태준은 지겨운 가족을 집어던지고 싶어 하면서도 절대 벗어나지 않는다. 태수는 가족을 잘나면 잘난 대로 못나면 못난 대로 생각하며 가족에게서 힘을 얻고, 사는 의미를 찾는다.

  생각해보면 우리들이 가족에 대해 갖고 있는 생각도 이와 다르지 않을 것이다. 우리들에게 가족은 고향 같은 존재다. 사회에서 힘들고 지치면 내가 살던 오래전의 집으로 돌아가고 싶어진다. 그 집에는 함께 살던 가족의 추억이 있기 때문이다.

  그러나 가족이라고 항상 힘이 되지 않는다. 가족은 삶의 근원적인 힘이기도 하지만 절대 벗어날 수 없는 굴레이다. 일본 영화감독 기타노 다케시가 "가족은 누가 보지만 않으면 내다 버리고 싶은 존재"라고 하지 않았던가.

아마 가족에 대해 어느 정도의 피해심리를 가지고 있기 때문이 아닌가 싶다. 가족으로 인해 무언가를 잃은 것은 얻은 것보다 항상 위에 있다. 대개 잃은 것을 더 강하게 기억하기 때문이다.

가족을 부끄럽게 여기는 생각은 곧 열등감이 된다. 가족에게서 상처받는 이유는 그 열등감 때문이다. 가족이 내 상처의 원인이 되는 바로 그 부끄러움을 자세히 보자.

부모가 부끄럽다

내 부모는 어떠했던가. 부모와의 정겨운 추억은 헤아릴 수 없이 많겠지만 이상하게도 상렬하게 남아있는 기억은 가슴 짠한 것들이다. 집에서는 몰랐는데 밖에 나가 다른 사람들 속에서 보는 부모는 설명할 수 없이 초라하다. 다른 사람 속에서 부모를 보는 것 자체가 가슴을 무겁게 하던 시절이 있었다. 학부모 회의를 위해 학교에 온 어머니, 추운 겨울에 얇은 옷을 입고 장사하던 아버지, 남에게 아쉬운 소리하던 어머니, 거친 말투로 이야기하는 아버지, 추운 겨울 찬물에 빨래를 하고 있는 어머니.

'부모' 하면 떠오르는 감정은 대개 두 가지다. 하나는 자랑스러움이고 다른 하나는 부끄러움이다. 부모의 학력, 직업, 외모,

나이, 행동이나 성격 등은 부모 입장에서는 자신의 모습이지만 자식들에게는 또 다른 자아로 보여진다.

1990년에 개봉되었던 영화 〈뮤직박스〉는 부끄러운 아버지의 전형을 보여준다. 변호사 앤의 아버지 마이크는 헝가리에서 이민 온 사람이다. 어느 날 앤은 아버지가 2차 대전 중에 비밀경찰 조직원으로 헝가리 양민학살에 가담했다는 고발장을 받는다. 아버지의 결백을 믿는 앤은 아버지를 위해 변호를 직접 맡는다. 그러나 점점 드러나는 진실은 아버지의 추악한 과거이다. 앤은 부끄러움과 배신감으로 깊이 상처받는다.

남에게 부끄러운 부모는 나의 상처가 되고 그 상처는 오래도록 지워지지 않으면서 다른 상처가 덧입혀진다.

K는 아버지가 돌아가신 후 다른 사람의 첩살이를 했던 어머니가 부끄러워서 고향에 거의 가지 않는다. 그의 어린 시절을 낱낱이 알고 있는 고향은 그에게 있어 인생의 치부다.

K의 어머니는 지극 정성으로 아들을 키웠지만 첩의 자식으로 살아야 하는 그에게 주변의 시선은 모두 상처였다. 그렇다. 그가 고향을 찾지 않는 이유는 성장하면서 받은 깊은 상처가 아물지 않아서다.

P의 아버지는 학교 앞에서 아이스크림을 팔았다. 학교 전체가 소풍을 갈 때는 따라와서 장사를 했다. 원뿔 모양의 과자에 담아 주는 아이스크림은 정해진 양이 없어서 딸의 친구들에게는 아이스크림이 쓰러질 정도로 높이 담아 주었다. 친구들은 많은 양의 아이스크림을 먹을 수 있어서 좋았지만 정작 P는 아버지 주변에 절대 가지 않았다. 오히려 소풍 장소까지 장사하러 온 아버지에게 짜증을 냈다.

P는 어른이 된 후 아버지를 부끄러워했던 자신의 모습이 지금 상처가 되어 항상 고통을 받고 있다. '그때 왜 그랬을까' 라면서.

J는 〈아버지처럼 살기 싫었어〉 같은 드라마를 보면 오래된 상처가 도지는 기분이다. J의 아버지는 평생을 변변한 직업 없이 술만 마셨고 취하면 어머니와 자식들에게 욕설을 퍼부었다. J는 하루라도 빨리 어른이 되어 독립하는 것이 꿈이었다. J가 결혼을 앞뒀을 때 가장 걱정한 부분이 아버지를 처가에 소개하는 것이었다. 차라리 아버지가 없었으면 하는 생각을 수도 없이 했다. 아버지는 이제 돌아가셨지만 오랜 시간이 지났어도 아버지라는 존재는 그에게 아킬레스건이다.

그는 자랑스러운 아버지까지는 아니어도 그저 보통의 아버지를 가진 사람들조차 부러웠다. 사람들이 아버지에 대해 이야기하는 자리에서는 항상 아무 말이 없었다. 아버지를 자랑하는 사람을 보면 자신이 넘어설 수 없는 보이지 않는 벽을 느낄 정도였다.

부모를 부끄러워하는 자식은 불효 중의 불효라고 하지만 사실 이해가 되는 경우도 있다. 그래도 부끄러움까지는 문제가 없지만 그로 인해 생기는 열등감은 문제라고 볼 수 있다. 열등감은 상처의 원인이 되고 정상적인 행동에서 벗어나게 한다.

부모와 자식 간은 운명적인 관계라 자기 자신을 의지로 억제하지 않으면 본능적인 행동을 하게 되는 경우가 많고 그것이 서로에게 거부감을 주면 상처가 된다.

옛날에는 골목마다 느닷없이 튀어 나온 애와 잡으러 빗자루를 들고 달려 나오는 어머니를 흔치 않게 볼 수 있었다. 잡힌 애는 그 자리에서 흠씬 두들겨 맞는 구경거리를 제공했다. 요즘에는 그런 광경도 없으며 설령 있다고 해도 다들 눈살을 찌푸리는 교양 있는 사회가 되었다. 하지만 아직 아이를 훈계 이상으로 때리는 가정이 있는 것도 사실이다.

성장과정에서 부모에게 받은 상처 중 '폭력'이 가장 크다는 조사결과가 있었다. 신체에 해를 가하는 폭력뿐만 아니라 언어적인 폭력도 해당된다. 때리고 욕하는 부모 입장에서는 사랑의 방식이라고 하겠지만 당하는 자식 입장에서는 결코 그렇지 않다.

어린 시절 아버지에게 자주 맞았던 L은 그 시절로 다시는 돌아가고 싶어 하지 않는다. 잘못을 하면 회초리로 죄의 경중에 따라 매를 맞았다. 아버지는 회초리를 들고 네가 이런 잘못을 했으니 몇 대를 맞겠냐고 물었다. L은 자신이 말한 수대로 매를 맞았다.
아버지는 사람들을 만나면 얼마나 맞을 것인지에 대해 자녀에게 선택권을 주는 것이 민주적인 방식이라며 자랑했지만 L은 심한 모욕감을 느꼈다. 때리는 아버지도 부끄럽고 맞고 자란 자신도 부끄러워서 그렇게 자라지 않은 사람만 보면 심한 열등감을 느끼게 되었다.

어떤 부모여야 한다는 정의는 사실 없다. 부모 10계명, 이런 부모가 되자, 21세기의 부모 등 올바른 부모의 모습에 대해 말하는 것은 많지만 가장 좋은 부모는 자녀에게 상처를 주지 않는 부모라고 생각한다. 그러나 회사를 통째로 물려준 부모라 해도 자녀에게 상처를 주지 않았다고 할 수 없다.

중요한 사실은 자식들 대부분이 부모에게 상처를 받으면 스스로 또 다른 상처를 만든다는 것이다.

자식이 부끄럽다

자식이 부모를 부끄러워하는 것처럼 부모도 자식 때문에 부끄럽고 상처받는 경우가 많다.

요즘 아이들이 싫어하는 단어 중 하나가 '엄친아'다. 아이들에게 엄마 친구의 잘난 아들딸은 하나도 도움이 되지 않는다. 그러나 부모 입장에서 잘난 남의 자식이 부러운 걸 어쩌란 말인가. 아는 사람의 자식이 잘되는 것은 사촌이 땅을 사는 것보다 배가 더 아프다.

A는 공부 못하는 아들 때문에 죽을 맛이다. 그런데 하필 친척 자식 중에 공부 잘하는 애가 있다. 언제부턴가 공부 잘하는 친척 자식을 보는 명절이 싫어졌다. 학부모 회의에 가도 반에서 1, 2등을 하는 아이 엄마들을 보는 것이 매우 힘들었다. 담임도 공부 잘하는 아이들의 학부모만 더 신경을 쓰는 것 같아

학부모 회의만 갔다 오면 매번 기분이 상한다.
공부 잘하는 자식의 학부모를 보는 것이 이렇게 힘들 줄 몰랐다고 한다. 집에 오면 가슴 한구석이 쓰린데 이보다 더한 벌이 어디 있을까 싶은 생각이 들 정도란다.

자식에 대해 부모는 모두 알 수 없다. 그런데도 다 알고 있다는 믿음은 위험하다. 자식의 입장을 생각하지 않은 채 부모가 강제로 지시나 강요를 할 수 있기 때문이다.
헤르만 헤세의 소설 『수레바퀴 아래서』를 보면 아들의 진정한 모습을 잘 모르는 아버지가 나온다. 소설의 초반에 나오는 주인공의 아버지에 대한 묘사는 현재 우리 부모의 일부분이 아닌가 싶어서 자못 뜨끔하다.
'그가 지녔던 정서는 이미 오래전에 먼지가 되어 버렸다. 한 가족 의식과 자기 아들에 대한 자부심, 이따금 가난한 사람들에게 베푸는 즉흥적인 자선, 이러한 것들이 겨우 그의 정서 가장자리를 메우고 있었다.'
소설의 주인공 한스는 매우 총명해서 동네 사람들의 주목을 받았다. 한스가 성공할 거라고 아무도 의심하지 않았다. 한스는 그 당시 출세와 명예가 보장되는 신학교에 진학한다. 그러나 엄격한 교육을 하는 학교에 적응하지 못한 한스는 여러 일로 끝내 신경쇠약에 걸려 고향으로 돌아온다. 아버지의 권유로 공장의 견습공으로 일하지만 그마저도 적응하지 못한다. 결국 삶의 의욕을 잃어버리고 죽음으로 짧은 생을 마감한다.

한스는 섬세하고 약해서 경쟁을 견뎌낼 아이는 아니었다. 그런 한스를 보는 아버지는 자랑스러운 아들이 평범해지는 것에 대해 심하게 상심한다. 그의 상심은 한스에게 고스란히 전이된다. 그의 아버지는 투박하고 미련해서 아들의 깊은 내면에 있는 고통을 절대 알지 못했다.

부모에게 자식은 모든 것이며 세상의 어느 것과도 대치할 수 없는 존재다. 자식을 얼마나 사랑하고 있는지 묻는 것은 정말 우문이다. 계산할 수 없는 유일한 사랑을 부모는 하고 있다. 그러나 상처는 사랑의 방법에서 온다. 부모가 자식에게 상처를 받는다면 아마도 느끼는 상처만큼을 자식에게 주고 있을 가능성이 높다. 다만 그것을 모를 뿐이다.

② **경제력**

가난은 사형과 무기징역 사이의 언도되지 않은 형벌이라고 한다. 돈이 없으면 불가능한 일이 많다. 그리고 돈은 새로운 계층을 만들기까지 한다.

많이 배운 사람도 잘 생긴 사람도 돈이 없으면 삶이 불편하다. 돈이 인생의 전부가 아니라고 하지만 가난했던 사람은 돈이 인생의 전부가 될 수 있다고 확신한다. 돈이 있으면 세상을 보는 시야가 달라지며 사람을 대하는 태도도 달라진다.

'가난은 한번쯤 경험해보는 것도 좋아요'라고 말하는 사람은 빈곤함을 낭만적인 체험 정도로 생각하며 정말 가난한 적이 없는 사람이다.

영화 〈미드나잇 카우보이〉에서 조와 랏소는 처음부터 끝까지 가난하다. 고향인 텍사스에서도 돈이 없었지만 뉴욕에 와서는 더 가난해졌다. 화면에는 그들의 절망적인 눈빛이 가득하고 어느 곳에도 희망은 없어 보인다. 그래서 그들이 남창이 되는 것은 당연한 선택으로 보인다. 세상은 그들에게 삶의 보속(補贖)으로 가난할 것을 요구하는데 보속을 짊어진 삶은 참 힘겹다.

현진건의 소설 『운수 좋은 날』에서 인력거군 김첨지는 손님이 많았던 날의 운이 달아날까 두려워 취기로 불안을 다스리려는 마음에 집이 아닌 술집으로 가서 막걸리를 마신다. 가난한 사람에게 운은 생명과도 같다. 가진 것이 없으니 운이라는 허무한 기회라도 놓칠 수 없다.

  가난한 사람은 태어날 때부터 가난했던 사람과 사는 중간에 가난해진 사람, 이렇게 두 가지 부류로 나눌 수 있다. 다 사는 게 고단하지만 특히 중간에 가난해진 사람이 더 힘들다. 가난에 익숙하지 않기 때문이다. 가난을 벗어나지 못하고 시간이 많이 흐르면 주변에 사람은 하나도 남아 있지 않다. 형제, 자매, 심지어는 부모까지 멀어질 수 있다. 핏줄도 이러하니 이웃이나 친구가 멀어지는 것은 어쩌면 놀라운 일도 아니다.

  가난해진 사람은 어쩔 수 없이 새로운 계층에 편입된다. 새로운 계층에서 살아가는 것은 과거와의 단절이거나 과거로부터의 도망이다. 그렇다고 그가 다른 가난한 사람들과 절친한 관계를 맺는 것도 아니다. 그저 현실에 포함되지도 못하고 그렇다고 무시하지도 못하면서 살게 되니 상처는 자연히 그의 곁을 찾아든다. 가난은 지극히 개별적이지만 상대적인 속성 때문에 상처를 받는다.

  돈이 있는 곳엔 사람이 꼬인다. 그렇다면 돈 없는 사람에게는 사람이 꼬이지 않는다는 공식이 성립된다. 그것은 불편한 진실이다. 아무리 사람이 좋아도 돈이 없으면 행세를 하지 못한다.

  의견이 맞지 않아 다툼이 있었더라도 밥을 한번 근사하게 사면 특별한 화해를 청하지 않아도 해결된다. 모임에 지각하거나 결석을 많이 해서 면목이 서지 않더라도 식사를 대접하거나 간식거리를 거하게 사면 모든 것이 탕감된다. 주변 사람들에게 명절에 선물이라도 한번 돌리면 그에 대한 평가는 단번에 괜찮은 사람으로 바뀐다. 게다가 어려울 때 돈이라도 꿔주면 평생의 은인으로 대접받을 수 있다.

위에 쓴 것을 반대로 생각하면 돈이 없는 사람의 경우가 된다. 일단 가난하면 사람을 만나는 것부터 부담스럽다. 요즘은 밖에만 나가면 다 돈이 드는 세상이다. 모임에 나가도 회비를 내야 하고 친구를 만나면 밥을 먹거나 차라도 마시게 된다. 돈이 없다고 얻어먹기만 할 수 없으니 차라리 만나지 않으려고 한다.

사회생활에서 사람을 만나지 못하면 구석진 자리에 몰리는 것이나 다름없다. 구석진 자리는 눈에 띄지 않고 시야도 좁아진다. 그런 상태로 보는 세상은 자신에게만 불공평하고 매정하게 보인다. 또한 스스로를 지키기 위해 자존심이 강해지면서 상처받을 만반의 준비를 하게 된다.

가난할 때는 모든 것에서 멀어지고 소외된다. 돈이 없으면 다른 사람들이 하는 쇼핑, 여행, 외식 등을 하려고 할 때 제약이 많다. '하지 못하는' 것과 '안 하는' 것의 차이는 엄청나다.

채소 위주의 식단을 짜고 많이 걸으면 건강에 좋으니 차를 두고 걸어 다니자는 말은, 공과금도 제때 내지 못하고 세금은 밀려 있으며 당장 생활비 걱정을 해야 하는 사람에게는 공허하기만 하다. 명절이며 경조사도 부담스러울 판에 문화생활은 꿈도 못 꾼다. 하루를 살아가기에 급급한 사람에게 주변의 풍족한 것들은 몽땅 사치요, 잡을 수 없는 꿈이다.

박완서 작가의 소설 『도둑맞은 가난』은 사회의 극명한 두 부류를 보여준다. 가난한 아가씨는 같은 공단에서 일하는 남자와 연탄값을 아끼려고 동거를 시작한다. 그러나 남자는 사실 부잣집 아들이었고 여자가 꿈에도 그리는 대학생이었다. 어느 날 남자는 신분을 밝히고 이 생활이 자식을 강하게 키우려는 아버지의 훈련과정이라고 말한다. 여자는 자신의 가난이 남자에게는 삶을 다채롭게 할 에피소드였음을 알게 된다. 가난이 누군가에게는 삶인데 누군가에게는 먹어보지 못한 음식처럼 생소한 것일 수 있다는 사실이 소설을 읽는 내내 마음을 긁었다.

예전에 한 대통령이 청와대의 점심 메뉴를 칼국수로 바꿨다고 떠들썩했다. 그런데 한 여성 잡지에 나온 레시피를 보니 결코 평범한 칼국수가 아니었다. 양지머리를 푹 삶고 손으로 민 국수를 넣어 고명을 소담스럽게 얹은 칼국수는 말이 칼국수지 절대 간단한 메뉴가 아니다. 그런 제스처는 사람들을 오히려 씁쓸하게 한다. 가난은 이벤트도 아니고 잠깐의 일탈도 아닌 현실이다.

여행계획을 짜고 있거나 쇼핑할 물건들에 대해 이야기하고 있는 사람들 사이에서 자녀들의 보충수업비를 걱정하고 있다고 생각해보라. 또 40평대 아파트가 좁아 넓혀야겠다는 사람 앞에서 내 집은커녕 월세방을 전전하는 사람은 어떤 기분이겠는가. 나라님도 구하지 못한다는 가난은 상대적이기에 더 치명적이다.

가진 것이 많으면 왜 많이 가졌는지에 대한 이유가 필요하지 않지만, 없으면 왜 없는지에 대한 확실한 이유가 필요한 세상이다. 그래서 있으면 괜찮고 없으면 상처받을 수밖에 없다.

그렇게 보면 돈은 참으로 나쁜 매개체다. 독일의 사회학자 게오르그 짐멜은 저서 『돈의 철학』에서 돈에 대해 이렇게 썼다.

'돈이란 매개체를 통하면 다양하고 무궁무진한 인간의 인품은 소멸되며 살아 숨 쉬는 인간의 영혼은 상실된다.'

상처에 관한 프로그램을 하면서 수강생들에게 준 질문지에 '내 경제 상황을 어떻게 생각하는가'라는 문항이 있었다. 보통이라고 답한 사람과 불만족스럽다고 답한 사람이 각각 반 정도였다. 불만족스러운 사람들의 재정상태를 알 방법은 없으나 사람들은 대부분 자신의 경제적인 부분이 남보다 떨어진다고 생각한다.

가난이나 부유함을 규정짓는 기준은 없다. 칼 마르크스는 가난의 상대성에 대해 '집의 크기는 상관없다. 다만 옆에 궁전이 들어서면 내 집은 바로 오막살이가 된다'라고 했다. 사람들은 모두 자신보다 잘 사는 사람을 기준으로 현재 자신의 경제 상태를 확인한다.

경제적인 부분은 비교할 때 차이가 드러나는 특징이 있다. 그래서 가난이 상처의 원인이 된다. 돈이 없는 사람은 돈이 있는 사람에게 열등감을 갖고 있으며 그 열등감이 상처가 되어 자신을 항상 괴롭힐 것이다.

③ **학력**

우리나라는 세계에서 손에 꼽히는 고학력 국가이며 학력이 그 사람의 많은 것을 대변해준다. 우리나라는 교육열이 보통 높은 게 아니다. 오바마 대통령이 한국의 교육에 대해 배워야 한다고 말한 것은 정책이 아니라 교육열이다.

한석봉의 어머니는 떡을 썰어 아들을 훈계했고 타고 갈 차도 없는 시절에 그것도 어두운 밤에 귀한 아들을 돌려보냈다. 한국전쟁이 일어났던 시기에도 피난지 부산에는 동네마다 천막학교가 등장했을 정도였다.

시골에서는 소 팔아 공부시키는 것이 최고로 가치 있는 일이었으며 그렇게 객지로 나온 자식들은 코피 터지게 공부를 했다. 아무리 가난해도 명문대학 다니는 자식이 있으면 부러울 것 없는 우리들의 지적 욕망은 예나 지금이나 가실 줄 모른다. 많이 배운 부모는 당연히 대학을 가야 한다고 믿기 때문에, 배우지 못한 부모는 못 배운 한을 알기 때문에 공부를 시킨다.

학력에 상관없이 취업할 수 있는 기회를 정책적으로 펼쳐도 이력서에 한 줄이라도 더 채우기 위해 모두가 고군분투하고 있다. 일단 인생을 제대로 살려면 학력이 높아야 한다는 사실은 오랜 세월 동안 인식되어 있지 않은가.

영화 〈귀여운 여인〉에서 매춘녀 비비안은 백만장자 에드워드를 사랑하게 되면서 새롭게 살기로 결심한다. 새로운 삶을 위한 그녀의 계획은 중퇴한 고등학교를 마저 다니고 대학에 진학하는 것이다. 역시 신분을 바꾸거나 업그레이드하기 위해서는 우선 학교를 마쳐야 하는 것으로 시작해야 하나 보다.

특히 고졸자를 학력에 예민한 사람으로 생각한다. 고졸자 대부분은 성적, 집안 형편 등 어떤 확실한 사유가 있어서 대학에 진학하지 못했을 것이다. 가기 싫어서 가지 않은 사람은 거의 없다는 말이다. 집안 형편이 어려워서 진학을 하지 못했다면 그나마 떳떳할 수 있지만 성적이 나빠 진학하지 못한 사람은 스스로에게 변명의 여지가 없으므로 위축감이 더 들 수 있다.

'가지 않은 것'과 '못 간 것'은 엄청난 차이가 있다. 대학공부를 해야만 한다는 법은 없다. 대학을 나와야 똑똑한 것도 아니며 삶이 풍요로운 것은 절대 아니다. 문제는 대학을 나오지 못한 사람이 갖고 있는 자격지심이다.

J는 대학을 가지 못했다. 명문여고에서 중상위 성적이었던 그녀는 대학교를 가기에는 무리가 없었다. 그러나 집안 형편이 좋지 않았고 동생들까지 있어서 취업을 선택했다. 직장생활을 하고 결혼을 했어도 틈틈이 책, 영화를 보면서 문화생활을 게을리 하지 않았다. J는 나이가 들면서 그에 어울리는 품위가 외모에 깃들여져 갔다.

J를 만나면 유익하고 배우는 것이 있었지만 가끔씩 평생 갖고 있는 열등감을 호소했다. 대학을 나온 남편에 대한 부러움과 남편의 은근한 비하를 들을 때, 모임에서 대학 이야기가 오갈 때, 그녀는 지속적으로 상처받고 있었다. 처음 들어보는 대학교를 나온 사람이라도, J가 읽은 책의 10분의 1도 읽지 않은

사람이라도 대학을 나왔다는 사실 하나에 J의 해박한 지식과 고상한 취미는 묻혀 버렸다.

상처 관련 강의를 하던 중에 학력에 대한 설문조사를 했었다. '자신의 학력에 만족하는가'를 묻는 질문에 수강자들 대부분은 '아니다'에 체크를 했다. 그 질문 외에 신문을 보고 있는가, 독서량이 많은가 등을 묻는 항도 있었지만 그리 큰 비중을 차지하지 않았다.

다른 것이 아무리 충분해도 학력이 만족스럽지 못하면 지적인 충족감은 채워지지 않는다. 그러나 꼭 대학공부를 해야 한다는 법은 없다. 대학을 나와야 똑똑한 것도, 삶이 풍요로운 것도 절대 아니다. 대학 나온 사람 중에도 책 한 권도, 신문도 읽지 않은 사람이 부지기수다. 문제는 그런데도 대학을 나오면 지적우월감이 있다고 생각하는 이상한 분위기다.

한동안 사회적 파장을 일으켰던 유명인들의 학력 위조 파문도 그러한 분위기 때문이라고 본다. 당사자의 지적 욕망도 있었겠지만 학력이 높으면 일단 우러러보는 사회 풍조가 그렇게 몰고 간 것이기도 하다. 잘 생겼는데 게다가 학력까지 좋으니 그야말로 최고가 아닌가. 그런데 학력을 위조했다고 밝혀지자 거짓말을 했다는 괘씸함보다 그가 지적인 사람이 아니었다는 실망감이 사람들에게 더 컸다. 지적인 이미지는 사람들 대부분이 갖고 있는 로망 같다.

학년이 바뀔 때마다 학교에서는 학생들에게 가정환경조사서를 작성하게 하는데 부모의 학력을 쓰는 난이 있다. 사적인 내용을 공적인 서류에 쓰는 것도 이상하지만 대체 부모의 학력이 학생을 파악하는데 무슨 상관이 있는지 모르겠다.

또 이런 경우도 있다. 모임에서 요즘 대학가에 서점은 없고 유흥업소가 판을 치고 있다는 뉴스가 화두에 올랐다고 하자. 그 점에 대해 깊이 한탄하면서 대학문화에 대해 이야기할 수도 있다. 누구나 자유롭게 각자의 의견을 이야기할 수 있지만 대학을 다니지 않은 사람 입장에서는 이야기에 어려움이 있을 가능성이 높다. 누군가 "내가 대학 다닐 때는 말이지…"라고 하면 맥이 풀리지 않겠는가.

행사를 치른다고 하자. 구성원들에게 일을 분담시킬 때 가장 쉬운 방법은 전공과목이 무엇인지를 파악하는 것이다. "대학 때 전공이 무엇이었나요?"라는 질문에 선뜻 대답할 수 있다면 얼마나 좋겠는가. 그 질문에 대답을 못하게 되면 그동안 고상하고 지적인 사람이라는 평판을 받고 있었어도 모든 게 거품처럼 사라지는 것을 느낀다. 그 후부터 사소한 일에도 내가 무시당하고 있다는 생각을 자신도 모르는 사이에 하게 된다.

대학을 졸업한 사람도 영향을 받지 않는 것은 아니다. 만일 그가 석사나 박사 학위를 갖고 있는 사람들 또는 졸업한 대학교보다 더 좋은 대학교를 나온 사람들과 함께 있다면, 개인에 따라 위축감을 느낄 수 있다.

요즘 아이들은 학력에 관해 어른들처럼 신경 쓰지 않는다. 성적으로 친구를 사귀지 않아 친구의 성적에 별로 관심이 없다. 자녀를 키워본 부모는 안다. 자녀의 친구들 성적을 궁금해하는 사람이 바로 부모라는 것을. 옛날에는 1등과 꼴등은 절대 친구가 될 수 없었는데 요즘은 모두 친구가 된다. 다시 말하면 학력으로 열등감을 갖는 사람은 지금의 어른들이다.

뒤늦게 대학공부를 하는 만학도(晚學徒)가 점점 늘어나고 있는데, 학문에 대한 열정도 있겠지만 학력에 대한 갈증의 이유가 더 클 것이다.

S는 만학도이다. 대학교수인 남편에 비해 떨어지는 학력에 열등감을 갖고 있다가 40대 중반의 나이에 대학에 진학했다. 교양과목으로 체육까지 해야 한다면서 불평을 하기에 한 학기

정도 마치면 그만둘 줄 알았는데 4년을 다니고 드디어 학사모를 썼다. 열등감이 사라졌냐고 물으니 이제는 싹 사라졌다며 명쾌하게 말했다.

　물론 이렇게 학력의 열등감을 채우기 위해 공부하는 사람도 있지만 꼭 필요해서 공부하는 사람도 많다는 사실을 잊지 말아야 한다. 그들에게 공부는 지적 허영심이나 열등감의 해소차원이 아니라 생존의 한 방법이다.
　실화를 바탕으로 한 영화 〈컨빅션〉에서 베티 앤은 생존을 위해 공부하는 경우다. 베티 앤과 오빠 케니는 부모를 일찍 여의고 서로 의지하면서 성장한 남매다. 그런데 케니가 누명을 쓰고 종신형을 받는다. 변호사들이 모두 포기하자 케니의 무죄를 굳게 믿는 베티 앤은 법대에 들어가 변호사가 되기 위해 공부를 시작한다. 가족과의 문제, 개인적인 어려움을 무릅쓰고 변호사가 되어 오빠의 무죄를 증명하게 된다.
　현재 하고 있는 일을 끝까지 하기 위해 대학을 다니는 사람도 많으며 자격증이 필요해서 어려운 여건 속에 공부하는 사람도 많다. 그들에게는 지적 허영심이나 열등감은 맞지 않는 단어다.
　간디는 나라를 망하게 하는 7가지 악 중 하나로 '인격 없는 지식'을 언급했다. 아무리 많이 배우고 지적으로 우월해도 인격이 없으면 아무 소용이 없다. 그러나 그 인격을 배움으로 성장시킬 수 있는 부분이 있다는 주장도 아주 낭설은 아니다.

학력은 개인의 힘이며 우월의 조건이 되어 있는 이 사회에서 부족한 학력으로 받는 상처는 어쩔 수 없이 계속 된다.

④ **외모**

배우자를 고를 때 뭐니 뭐니 해도 심성이 최고로 중요하다는 말이 있다. 또 마음이 고와야 여자라고 외치는 노래도 있고 얼굴은 젊어서 삼깐이나 마음은 평생이라는 말도 있지만 생각해보면 그건 다 구라다. 이왕이면 얼굴도 예쁘고 마음도 곱다면 그거야 말로 최고 아닌가.

실제로 잘생긴 사람에게 호감을 느끼는 것은 세기를 초월하는 감정이다. 아무리 근사하게 꾸며도 작은 키, 뚱뚱한 몸, 희미한 이목구비, 숱이 적은 머리카락 등 바꿀 수 없는 것이 있다. 성형수술로도 어떻게 하지 못하는 신체적인 단점은 외형적 조건이 좋은 사람 앞에서 더욱 두드러진다. 지적인 능력, 재산, 좋은 성격을 갖고 있어도 사람들은 제일 먼저 외모부터 본다. 패리스 힐

튼이 예쁘지 않았으면 아무리 많은 돈을 상속받았어도 가는 곳마다 화제가 될까? 절대 아니다.

요즘은 예쁘고 잘생긴 사람이 너무 많다. 텔레비전을 켜면 어떻게 사람이 저렇게 멋질 수 있을까 싶은 연예인들이 화면마다 가득하다. 어디 방송뿐인가. 거리에만 나가도 연예인을 해도 될 얼굴과 모델로도 손색이 없는 몸매의 소유자들을 쉽게 찾아볼 수 있다. 그런 사람일수록 자신의 외모에 더 신경을 쓰고 공을 들인다.

잘생긴 사람은 계속 가꿔서 더 잘생겨지는데, 미운 사람은 거울 자체를 보기 싫어하고 스스로에게 공을 들이지 않아 외모가 더 나아지지 않는다. 현실적으로 외모가 중요한 사회 분위기에서 열등한 외모를 가진 사람이 꿋꿋이 살아가기란 쉽지 않다.

만일 당신이 오너이거나 상사여서 부하직원을 뽑는다고 하자. 같은 조건을 지닌 후보가 두 명 있다면 당연히 외모가 좋은 사람을 뽑지 않겠는가. 거기에 잘 웃는다면 그야말로 금상첨화다.

대개 외모가 좋은 사람이 잘 웃는다. 외모에 자신이 있으니 감정을 얼굴로 표현하는 방법을 알기 때문이다.

특히 여자들에게 아름다운 외모는 재산이다. 예쁜 여자는 실수도 이해받고 잘못도 용서받으며 특별히 노력하지 않아도 관심을 받는다. 이렇게 만사가 수월하니 사는 게 행복해서 성격까지 좋아지지 않겠는가.

예쁜 여자는 질투의 대상이 되기도 한다. 그래서 예쁜 여자는 머리가 나쁘다는 말도 있는데 과연 그런지는 확인할 방법이 없다.

주변에 성형수술을 한 사람이 많다. 그들은 성형을 하고 나면 외모에 자신감이 생긴다는 공통점이 있다.

엄청나게 살을 뺀 사람들의 경우도 다르지 않다. 살을 빼니 이목구비가 또렷해지고 평소 입고 싶었던 미니스커트, 민소매 티셔츠를 입을 수 있으니 세상을 다 가진 것 같다고 했다.

성형수술을 하고 살을 뺀 여자들은 과거의 사진을 눈에 띄지 않게 한다. 할 수만 있다면 과거를 지워버리고 싶은 심정을 왜 이해하지 못하겠는가. 외모는 그렇게 치명적인 열등감이다.

영화 〈미녀는 괴로워〉에서 여주인공이 변신하는 모습은 보는 것만으로도 통쾌했다. 관객들이 그런 변화에 대리만족을 느껴서 그런지 영화는 크게 흥행했다.

외모의 변신에 성공한 사람들은 예전의 모습으로 돌아가는 꿈을 꿔서 놀란 적이 있다고 한다. 세상에 그만한 악몽이 또 어디 있겠는가. 제대를 한 남자들이 군대 꿈을 꾸는 것보다 더 악몽일 것이다.

성형으로도 되지 않는 것이 있다. 바로 '키'다. 평균 신장에 못 미치는 사람도 많다. 남자들에게는 마법의 깔창이, 여자들에게는 보기에도 아찔한 하이힐이 있지만 그것은 일시적인 눈가림일 뿐, 키가 작은 사람들에게 키는 영원히 해결되지 않는 숙제다.

상처와 관련한 특강을 하면서 가장 고민이 되는 외모에 대한 질문을 했다(수강자들의 나이는 40~50대였다). 여자들 대부분은 비만, 남자들 대부분은 작은 키라고 답했다.

키가 작은 D는 '작은 고추가 맵다'라는 말이 제일 듣기 싫다고 했다. 키를 조금이라도 크게 할 방법이 있다면 악마에게 영혼이라도 팔겠다고 할 정도이니 키에 대해 갖고 있는 열등감이 어느 정도인지 알 것 같다.

D는 학창시절에 공부도, 운동도 잘 했다. 그런데 열심히 하는 것에 대해 친구나 선생님들은 악착같다는 표현을 썼다. D는 자신과 비슷하게 열심히 하는 친구들에게는 성실하다는 표현이 자신에게는 악착같다는 표현으로 바뀌는 이유가 다 키 때문이라고 생각했다. 뚱뚱하면 살을 빼면 되고 얼굴은 성형으로 고칠 수 있지만 키는 방법이 없으니, 키만큼은 자녀들이

자신을 닮지 않았으면 한다고 했다.

외모는 다른 사람들의 시선보다 자신의 만족감이 가장 큰 문제다. 다이어트도 성형수술도 다 자신을 위한 것이다. 지금도 예쁜데 자꾸 성형하는 사람들은 자신의 만족감이 채워지지 않기 때문이다.

자신에게 만족하지 못하면 살아가는 것이 기쁘지 않다. 또한 외모를 지적하거나 외모의 단점을 알아보는 사람에게 쉽게 상처를 받는다. 그것도 아주 치명적인 상처를 말이다.

⑤ **능력**

이름과 성품만으로 자신을 말할 수 있다면 세상사가 참으로 공평하고 간단할 것이다. 우리가 내놓을 것이 자기 자신으로 충분하다면 말이다. 그러나 세상은 그렇지 않다.

"무슨 일을 하세요?"

이 질문은 나의 능력을 말해 달라는 뜻이다. 의사, 변호사 등 별도의 설명이 필요하지 않고 사회적으로 인정받는 직업을 가진 사람은 항상 당당하다. 그 사람이 어떻게 가정을 꾸리고 있으며 어떤 남편 또는 어떤 아내인지, 어떤 부모인지는 그리 중요하지 않다. 그의 직업은 모든 것을 덮어준다.

내로라하는 직업을 가진 사람은 어디서나 쉽게 두각을 나타낸다. 직업만 말해도 무엇을 하는 사람인지 다들 알아서 대접해주니 굳이 자신을 설명하지 않아도 된다.

그저 그런 평범한 직업을 가진 사람이나 별 볼 일 없는 직업을 가진 사람은 자신이 어떤 사람인가를 남에게 알리는 것이 간단하지 않다. 저는 착한 사람입니다, 저는 헌신적인 마음을 가졌습니다, 저는 봉사활동을 꾸준히 해왔습니다, 저는 재주가 많습니다, 저는 이런 특기가 있습니다, 저는 남을 배려합니다 등으로 자신에 대해 열심히 말해도 상대방이 기억하게 하려면 무언가 더 있어야 한다.

그러나 저는 국회의원입니다, 저는 의사입니다, 저는 변호사입니다 등의 경우에는 짧은 문장이라도 상대방이 기억하게 하는 데 어려움이 거의 없다.

직업에는 귀천이 없다고 아무리 부르짖어도 자신보다 근사한 직업을 가진 사람 앞에서 아무렇지 않은 사람은 그리 많지 않다.

현대사회에서 직업은 능력과 바로 연결되어 있다. 예를 들어, 의사라고 돈을 다 잘 버는 것은 아니지만 일반적으로 그 직업에 대해 갖는 의식은 사회적으로 인정받는가, 경제적인 면이 보장되는가 등의 측면에서 결정된다.

부모는 자식이 성장하는 동안 온갖 투자를 아끼지 않는다. 부모가 바라는 자식의 성공은 미래가 보장되는 것인데, 이는 어떤 직업을 갖느냐와 연관이 깊다.

가족 중에 고시 공부를 하는 사람이 있으면 온 집안 식구가 고시 뒷바라지를 하느라 허리가 휘던 시절이 있었다. 붙기만 하면 인생역전이요, 한순간에 성공한 인생이 되니 한 해만 더, 한 해만 더 하다가 인생의 반을 훌쩍 넘겨 버리는 사람이 꽤 많다.

머리가 좋으면 다 의사나 변호사를 해야 한다는 생각을 하던 때도 있었다. IQ는 오직 공부를 위해 존재하는 것이라서 지능이 높은 사람은 그저 공부를 하는 것이 최선이었다. 그러나 이제는 그렇지 않다는 이론도 지지를 많이 받고 있다.

1983년 하버드대학교의 하워드 가드너 교수가 주장한 다중지능이론은 IQ를 언어, 논리수학, 음악, 공간, 운동, 인간친화, 자기성찰, 자연친화 등 8가지로 나눈다. 기존의 IQ는 기억력, 계산력, 추리력 같은 것만을 잴 뿐 창의력은 잴 수 없었다. 그러니 IQ는 인간지능의 3분의 1만 나타나는 셈이다. 그렇다면 나머지 능력이 뛰어난 사람은 굳이 의사나 변호사 말고 다른 직업을 택하는 것이 개인에게 좋다는 말이 된다.

요즘은 예전이 비해 직업의 폭이 넓어졌다. 2012년에 조사한 우리나라 직업의 수는 9,298개다. 그 직업들이 갖고 있는 전문성이나 다양성은 이제 어느 직업이 좋은가를 구별할 수 없을 정도다. 그런데도 선호하는 직업의 큰 틀은 아직 바뀌지 않았다.

누구나 성공하기 위해서는 노력해야 한다. 사회적으로 인정받는 직업을 갖기 위해서는 오랜 시간 더 많은 노력이 필요하다. 그런데 세상에 노력 없이는 이뤄지는 일이 없다는 걸 누가 모를까? 어느 누가 아무런 노력 없이 지금의 자리에 있겠는가. 역시 문제는 상대적인 부족함에 있다.

배우자를 선택할 때도 능력은 가장 우위에 있다. 물론 순수하게 사랑해서 결혼하는 경우가 더 많지만 좋은 직업을 가진 사람은 결혼에 있어 최상의 조건이라고 할 수 있다.

능력 있는 배우자를 만나면 평생을 보장받는다. 든든한 종신보험을 드는 것과 마찬가지다. 그런 직업은 그 사람에게서 끝나는 것이 아니라 배우자, 자녀, 부모까지 특별한 사람으로 만들어 준다. 조선시대의 반상제도가 없어진 지금, 개인의 직업이 신분을 대신하고 있다 해도 무리가 아니다. 개같이 벌어서 정승같이 쓰면 되지만 정승같이 벌어서 정승같이 쓰면 더 좋으니 말이다.

중학교 교사 T는 교직을 천직으로 알고 평생 일과 가정에 충실했으며 자신의 인생도 이만하면 괜찮다는 자부심을 갖고 있었다.

T의 딸이 사귀던 남자와 결혼을 하게 되었는데 사돈이 될 사람은 성공한 내과의사였다. 평소 자신의 직업이 사돈에 비해 특별히 차이가 난다는 생각을 하지 않았던 T에게 상견례 자리에서 들은 사돈의 말 한마디는 꽤 큰 상처가 되었다.

사돈은 점잖고 예의 바른 사람이었으며 사랑하는 자녀들을 맺어주는데 서로 이의가 없어서 분위기는 좋았다. 다만 이 한 마디를 사돈이 하지 않았더라면 얼마나 좋았을까.

"교사생활을 하시면서 애들 키우시느라 힘드셨죠? 아버님이 선생님이셔서 그런지 따님이 아주 알뜰해서 좋아요."

그동안 교사로 생활하면서 돈을 펑펑 쓰지는 못했지만 경제적으로 어렵다는 생각을 한 적이 없었다. 또 자녀들에게 절약을 강조한 적도 없었다. 오히려 안정된 직장이라 행복한 적이 더 많았다. 그러나 의사인 사돈의 눈에는 교사의 월급이 생활하기 팍팍할 정도의 박봉이라는 것을 알게 되었다.

대체 요즘 애들이 얼마나 돈을 잘 쓰면 우리 딸이 알뜰해 보였을까 생각하니 속상함은 이루 말할 수 없었다. 가까스로 태연한 척하며 자리를 지켰지만 T는 이제껏 혼자만 만족스럽게 살아온 것은 아닌가 하는 의구심을 떨쳐내지 못했다. 또한 자신은 교사이고 아내는 교사의 아내이며 애들은 교사의 자녀라는 것이 사돈과 다른 점이라는 현실을 머릿속에서 계속 지우지 못했다.

능력은 일을 어떻게 하는가도 해당된다. 같은 직업을 가졌더라도 개인차가 있으며 일 잘하는 사람과 그렇지 않은 사람에 대한 평가와 구별은 직장 내에서도 뚜렷하다.

당신이라면 "사람은 좋은데 일을 못해", "저 사람, 인간성은 별로인데 일은 잘해" 중에서 어떤 말을 듣고 싶은가. 직장을 떠나 있으면 좋은 인간성에 점수를 더 줄지 모르나 직장에서는 능력이 최우선이다. 능력 있는 사람이 멋있어 보이는 것은 어쩔 수 없다.

영화 〈악마는 프라다를 입는다〉에서 세계 최고의 패션잡지 《런웨이》의 편집장 미란다는 못된 성격으로 치면 타의 추종을 불허한다. 모든 직원이 그녀의 못된 성격을 알고 있지만 워낙 뛰어난 능력을 갖고 있어 그녀 앞에선 절절 맨다.

능력은 그런 것이다. 영화는 다소 과장되기는 했지만 대체적으로 능력 있는 사람의 힘은 그렇다. 영화에서 미란다는 너무 멋있어서 눈부시다. 그녀는 절대 악역이 아니다.

천재적인 모차르트와 그에 못 미치는 살리에리의 열등감은 능력 차이의 대표적인 사례다. 영화 〈아마데우스〉를 보면 자유분방한 천재 모차르트보다 부족한 재능으로 천재를 시기하는 살리에리가 기억에 더 남는다. 궁정악장이며 이미 명성을 얻어서 부러울 것 없는 살리에리는 모차르트보다 못한 자신의 능력 때문에 신을 원망한다. 능력은 비교될 수밖에 없는 속성을 갖고 있으며 단시간에 드러나 감춰지지 않는다.

남들은 하루 종일 걸리는 일을 단 몇 시간 만에, 그것도 깔끔하고 완벽하게 처리하는 사람이 어찌 근사해 보이지 않겠는가. 또 그런 사람 옆에서 주눅 들지 않을 배짱을 가진 사람이 과연 얼마나 있을까.

국사교사인 L은 얼마 전 학부형에게서 전화를 받았다. 이름을 밝히지 않은 학부형은 수업시간에 좀 즐겁게 수업을 해줬으면 한다고 조심스럽게 이야기했다. 재미있는 국사를 애들이 지루해하는 걸 보니 지도법에 문제가 있는 것 아니냐는 학부형의 지적을 들은 L은 아무 말도 할 수 없었다.

L은 수업시간에 옆으로 새지 않고 열심히 진도를 나가는 스타일이다. 교재 연구도 열심히 하고 학생들 성격 파악도 잘하고 있다고 자부했다. 최근 들어 교사에게 그런 성실함보다 가르치는 테크닉이 중요하다고 느끼던 차에 학부형의 전화는 확인사살을 하듯 치명적이었다.

그 후 L은 수업 중 옆 반에서 크게 웃는 소리가 들리면 민감해지고 학생들이 졸기라도 하면 초조해지곤 했다. 자신이 유능한 교사가 아니라는 생각이 머릿속을 가득 채우는 날은 수업이 두 배로 힘들었다.

그러던 중 수업을 재미있게 하고 학생들에게 인기 있는 다른 교사가 L에게 "좀 웃으면서 해봐"라고 지나가듯 말했다. 그 말을 듣는 순간 얼굴이 확 달아오르면서 심한 모욕감을 느꼈다. 왜 그런 이야기를 내게 하냐고 반문하지도 못했다. 그랬다가 이유를 말해주면 감당할 자신이 없어서였다.

지금도 L은 전화했던 학부형을 비롯해 다른 교사들과 수업시간에 집중하지 않는 학생들이 자신을 무능한 교사로 알고 있다는 생각을 지우지 못했다.

어떤 재주를 갖고 있는가도 개인적인 능력이다. 요즘은 전공한 적이 없는데도 취미를 거의 전문가 수준으로 즐기는 사람이 많다. 돈과 시간을 투자해 갖고 있는 재능을 갈고 닦거나 재능이 없어도 어느 정도의 수준을 갖추려고 한다.

등산을 즐기다가 다른 나라의 산으로 등반하러 떠나는 사람도 있다. 그들이 갖고 있는 지식과 경험, 장비들은 거의 전문가 수준이다.

음악을 좋아하는 사람들은 기타, 건반, 드럼 등을 구입하고 밴드를 조직해 공연도 한다. 자비로 악기 구입은 물론 연습실까지 마련해 퇴근 후 연습을 한다. 요즘은 색소폰, 클라리넷, 바이올린 같은 클래식 악기를 다루는 사람들도 점점 늘어나고 있다.

취미를 넘어서서 제법 잘하는 수준에 이르려면 돈과 시간, 노력이 필요하다. 돈과 시간이 없는 사람이나 게으른 사람은 절대 할 수 없다.

P는 고등학교 동창 모임에 갔다가 그전에 없던 열등감이 생겼다. 평소 동창회에 꾸준히 참석하는 편은 아니지만 부부동반으로 송년회를 한다는 소식에 아내와 함께 참석했다.

식사 후에 부부가 함께 장기자랑을 하는 친교의 시간이 되었다. 활달한 그는 제일 먼저 나가 노래를 불렀다. 평소 노래방에 자주 가는 편이라 최근 유행하는 트로트를 부인과 신나게 불렀다. 중간에 간주가 나올 때는 춤까지 곁들여 분위기를 띄웠다. 노래가 끝나고 자리에 들어오면서 우리 나이에 이쯤 놀면 괜찮다고 생각한 P는 기분이 좋았다. 그러나 그 기분은 바로 깨졌다.

그의 뒤를 이어 출연한 부부들의 장기는 대단했다. 마술, 색소폰 연주, 스포츠 댄스, 드럼 연주, 게다가 부인의 피아노 반주에 맞춰 '문 리버(Moon River)'를 부르는 친구의 모습에 이르러서는 그 자리에서 연기처럼 사라지고 싶었다.

격조 있는 부부들의 송년회에 불쑥 끼어들어 유치한 장기를 선보였다는 생각에 부끄러워 견딜 수 없었다. 트로트를 부르고 게다가 웃기기 위해 춤까지, 그것도 혼자가 아니라 아내와 함께 그 짓을 했으니 차라리 발가벗고 있어도 이보다는 덜 창피할 듯싶었다.

대체 다들 언제 저런 것을 배우고 연습했단 말인가. 얼마나 부지런하면 직장 다니면서 저렇게 할 수 있단 말인가. 자기만 빼고 다들 짜기라도 한 것처럼 여겨져 기분이 나빴다. 게다가 옆 테이블에 있던 친구가 "야, 너도 좀 격조 있게 놀아라"라며 장난스럽게 던진 말은 그대로 상처가 되었다.

P는 그날부터 삶의 질을 높이기 위해 남들은 다 노력하는데 자신만 그동안 품위 없이 살고 있다는 생각을 지워버릴 수 없게 되었다.

좋은 직업, 뛰어난 업무능력, 격조 있는 취미생활이 행복을 준다고 확언할 수는 없지만 현대에는 상처의 원인이 되는 것이 확실하다. 우리 사는 세상은 소설 제목처럼 무소의 뿔처럼 혼자서 갈 수는 없으니 말이다.

2장 '나' 그리고 상처

상처받지 않는 방법

내가 갖고 있지 않는 무언가가 상처의 원인이다. 그중에는 당장 가질 수 없는 것도 있고, 앞으로 영원히 가질 수 없는 것도 있다. '나는 없어도 괜찮다'는 생각은 상황에 따라 변하는 것이어서 현실성이 없다. 그러므로 상처는 어떻게든 받지 않으려는 것이 최선이다.

이번 장에서는 상처를 받지 않는 방법에 대해 집중적으로 알아보려고 한다. 상처를 피할 수는 없지만 덜 받고 좀 더 빨리 벗어나는 것은 자신의 의지로 가능하다.

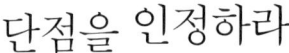

단점을 인정하라

　빙산의 전체 크기를 '1'이라고 했을 때, 수면 아래 잠겨 보이지 않는 부분의 크기를 '0.917'이라고 한다. 그래서 우리 눈에 보이는 빙산의 크기는 단지 '0.083'으로 전체 크기인 '1'에서 아주 작은 부분이다. 강의 때마다 우리의 모습을 이처럼 빙산의 크기와 비교해 설명한다.

　사람의 드러나는 모습은 빙산의 전체 크기인 '1'에 비하면 그 일각인 '0.083' 정도에 불과하다. 특히 단점은 더 작을 것이다. 갖고 있는 것을 한번에 다 말할 수 없는 이유는 미처 보지 못한 '0.917'의 무한한 가치가 있기 때문이다. 결국 단점은 이렇게 별것이 아닐 수도 있다.

이 책에서 단점은 단지 손재주 같은 것이 없음을 말하는 게 아니라 앞에서 설명한 '상처의 원인'의 다섯 가지가 없음을 말하는 것이다.

열등감과 단점의 차이는 상대적이다. 단점 자체는 문제가 되지 않지만 자신의 단점을 다른 사람과 비교하면 열등감이 되고 결국 상처를 주고받는다.

우리는 단점을 나쁘다고 생각한다. 그러나 이제 방향을 조금 틀어봐야 한다. 단점은 나쁜 것이 아니라 자신이 갖지 못했거나 이룰 수 없었던 것이다. 그러나 나도 갖고 있는 무언가가 있으며 이미 이뤄낸 것이 많다는 사실은 분명하다. 우리는 그것을 단점의 서반지 뒤에 놓고 자주 잊는다. 사실 세상에 완전한 사람은 없다. 모두 조금씩 나눠 갖고 있다.

영화 〈킹스 스피치〉의 실제 주인공인 영국의 조지 6세는 심한 말더듬이였으며, 미국인이 가장 존경하는 대통령 프랭클린 루스벨트는 후천성 소아마비로 휠체어를 타고 다녔다. 영국인의 우상이며 2차 대전을 승리로 이끈 윈스턴 처칠은 왜소한 체구에 대한 콤플렉스가 있었다. 애플의 스티브 잡스는 건강한 몸을 갖지 못했다.

다른 사람들이 갖지 못한 능력을 갖고 있는 사람도 또 다른 사람이 가진 무언가를 못 가지고 있다. 유독 내가 조금밖에 가지지 못했다고 생각하는 이유는 남의 떡이 커 보이기 때문이다.

지금 당신의 주변을 한번 둘러보자. 모두 가진 사람은 발견할 수 없을 것이다.

단점을 열등감으로 발전시키지 않는 것은 상처받지 않기 위해 필요한 숙제다. 가장 좋은 방법은 나의 단점을 인정하는 것이다. '이것은 이렇다'라고 단정을 짓기보다는 '이것은 이렇지만 저것은 저렇다'라고 생각하면 좋다. '나는 이런 부분이 있지만 저런 부분도 있다', '그것은 나의 일부분일 뿐이다'로 말할 수 있어야 한다.

내 단점의 원인은 순전히 나에게 있으므로 우선 내가 받아들이고 인정하는 것부터 시작하도록 한다. 나에게 없는 것을 있는 척하면 당장은 가려질 수 있지만 지속적으로 있는 척을 위해서는 감내해야 할 것이 점점 많아진다. 이렇게 하면 남들이 나의 단점을 모를 거라고 생각하지만 그건 오산이다.

로마의 마르쿠스 아우렐리우스 황제의 아내인 파우스티나는 여러 남자와 공공연하게 바람을 피웠지만 아우렐리우스는 자신의 저서인 『명상록』에 정숙한 아내를 주신 신들에게 감사하다고 썼으며 황후가 죽은 후 원로원에 간청해 여신 반열에 올리고 신전에 모셨다. 온 국민이 다 아는 사실을 그만 몰랐다고 했다. 과연 정말 몰랐을까?

알고 있는 것을 감춘다고 감춰질 것도 아니지만 감추려고 하는 모습은 자연스럽지 않다. 내가 감추고 싶어 하는 단점을 끝까지 감추려 한다면 불편함은 말도 못하게 많다.

퍼트리샤 하이스미스의 소설 '리플리' 시리즈를 보면 리플리는 신분 상승의 욕구에 빠져 거짓말을 계속 한다. 리플리를 연기한 알랑 드롱(영화 〈태양은 가득히〉), 맷 데이먼(영화 〈리플리〉)은 영화에서 시종일관 고독하고 불안한 눈빛을 하고 있다. 그 눈빛은 어디서 본 듯해 가슴이 뜨끔하다. 그들은 다른 인물로 살기 위해 발버둥치지만 하루하루가 외줄 위에 있는 듯 아슬아슬할 뿐이다.

드러내고 싶지 않은 자신의 실체가 있다면 그 두려움은 누구에게나 존재한다. 내가 갖고 있지 않은 것을 스스로 단점이라고 여기는 자세는 그것을 갖고 싶은 욕망과 일치한다. 그리고 그것은 열등감이 된다.

생각해보면 그동안 우리가 받았던 상처의 원인은 거의 단점을 감추고 싶어서 생긴 열등감 때문이었을 것이다. 직접 실습을 해보면 알 수 있다.

종이를 펴 놓고 이제껏 받았던 상처 중에 가장 선명하게 기억나는 것을 세 가지 써보자. 이 작업은 머릿속에서 하지 말고 직접 쓰는 게 좋다. 그때 그 일이 내 잘못이 아니었더라도 나의 열등감에 근거한다.

꾸준히 참석하는 모임이 있는데 당신만 대학졸업장이 없어 평소 마음이 불편하다고 하자. 어느 날 누군가가 대학시절이야말로 인생에서 가장 열려 있는 시기라고 말하면서 다른 사람의 의견을 물었다. 당신은 그 한마디에 큰 상처를 받는다. 이런 자리에서 그런 이야기를 꺼낸 사람을 원망하면서 그동안 이 모임에서 자신이 보이지 않게 무시받은 것은 아니었는지 확대 해석까지 하며 모임이 빨리 끝나기만을 바랄 게 뻔하다.

사실 대학은 공부만을 위해 다니는 곳은 아니다. 득실을 따지지 않고 다양한 경험과 인간관계를 체험할 수 있는 곳이니 가장 열려 있는 시기라고 할 수 있다. 그 이야기를 꺼낸 사람이 맞는 말을 한 것이다. 틀린 말은 아니다. 단지 대학졸업장이 없는 것이 자신의 단점이라고 생각하는 당신의 아픈 구석을 건드렸기 때문이다.

대학시절의 경험을 중요하게 생각하는 것도 사실이고, 당신이 대학을 다니지 않은 것도 사실이다. 그렇다고 언제까지 학력으로 상처를 받을 것인가. 또 아무것도 아닌 척하면서 속으로 끓어오르는 화를 누를 것인가. 차라리 이렇게 말하는 것은 어떨까?

"그런 경험이 있어서 좋겠군요. 저는 그럴 기회가 없었어요. 지금도 많이 아쉽답니다."

이렇게 당당하게 말하는 당신을 상상해보라. 당신은 대학졸업장이나 박사 학위를 가진 사람보다 통이 더 크고 멋져 보일 것이다.

물론 그렇게 말하는 것이 쉽지 않다. 그러나 대학 관련 이야기가 나올 때마다 상처를 받지 않으려면 이 정도의 노력으로 자신을 단련해야 한다.

나의 외모가 잘못된 것인가? 아니다. 나의 의지가 아니므로 내 잘못이 아니다. 내가 가난한 것이 잘못인가? 아니다. 가난해진 것은 내 탓이겠지만 그것이 잘못은 아니다. 또 그로 인해 힘들고 불편한 것도 다 내가 알고 있으니 남들이 절대로 뭐라 할 수는 없다.

내 짧은 가방끈이 문제란 말인가? 더더욱 아니다. 어느 누구도 학력으로 사람을 평가할 수 없다. 다만 그 때문에 살아가면서 만족스럽지 못할 때가 있지만 그 또한 내가 겪는 고충이니 남에게서 상처받을 이유가 없다.

이런 사실을 우리는 이미 알고 있다. 다만 그것을 스스로 인정하지 않고 드러내고 싶지 않으며 할 수만 있다면 숨기고 싶다. 또는 상처받고 싶지 않은 생각에 의도적으로 진실에서 눈을 돌린다. 만일 내게 잘못이 있다면 그 상황을 피하거나 숨기고 인정하지 않았던 것에 있다.

이제부터는 내 단점을 인정해야 한다. 처음에는 어색할 수 있지만 일단 한번 해보면 절대 어렵지 않게 할 수 있다. 추가로, 내가 갖지 못한 것을 갖고 있는 사람에게 적대적이면 안 된다. 적대감을 드러내면 당신이 갖고 있는 열등감을 사방에 알리는 것이나 다름없다. 그것은 다른 갈등을 만들어서 새로운 상처의 원인이 된다.

다음 문장을 여러 번 읽어보고 당신도 그렇게 해보기 바란다.

- 그래, 내가 그리 뛰어난 외모는 아니지. 나도 근사한 외모였으면 좋겠어.
- 보이는 대로 나는 키가 작아. 키가 컸으면 좋겠지만 어쩔 수 없어. 내 키에 상관없이 충분히 매력을 만들면 돼. 어쩌면 키가 너무 큰 것도 작은 것처럼 고민이 될 거야.
- 요즘 돈이 없어서 사는 게 힘들어. 이제부터는 더 알뜰해

질 거야. 지금은 가난하지만 내가 언제까지 가난하라는 법은 없지. 지금은 피나게 노력하라는 기회야.

- 학교를 끝까지 다니지 못해서 속상해. 더 공부할 수 있었으면 좋았겠지만 기회가 없었어. 그래도 다른 사람이 학교를 다니는 동안 나는 사회에서 경험을 쌓을 수 있었어. 그것도 중요하다고 생각해. 나쁘지 않았어.
- 나는 어려운 성장과정을 겪었어. 집안은 가난했고 부모님은 지적인 분들이 아니셨어. 그러나 지금의 내가 있도록 해준 바탕이었기 때문에 나에겐 다 소중해.

실화를 바탕으로 한 영화 〈에린 브로코비치〉는 일반적인 사회의 기준으로 보면 많이 부족한 여건이지만 보기 좋게 주변의 부정적인 시선을 물리치는 여자의 모습을 보여준다.

아버지가 다른 아이들을 셋이나 키우고 있는 이혼녀 에린은 빚만 잔뜩 지고 있다. 그녀의 경력과 모습은 주변의 이해를 절대 받지 못한다. 에린은 공장에서 유출되는 크롬성분 때문에 병이 든 마을 사람들을 대신해 대기업과 맞서 재판을 벌이고 결국 승소한다.

돈 한 푼 없이 아이 셋을 키우며 일하는 그녀의 일상은 보는 것만으로도 숨 가쁘지만 그녀는 어느 것 하나 감추려고 하지도, 포기하지도 않고 현재 갖고 있는 것으로 열심히 일을 진행한다. 포장도 없고 가식도 없는 에린을 보면 우리들이 각자 갖고 있다는 것들이 보잘것없다는 생각이 든다.

   인정하라. 그것이 가장 좋다. 대체 뭐가 두렵단 말인가. 언제까지 숨기고 있을 것인가. 다른 사람은 나와의 만남이 끝나면 자신의 삶 속으로 들어가 자신에게 충실할 것이다. 그는 당신에게 상처가 될 말을 했다는 사실조차 잊어 버린다. 결국 상처는 당신 혼자 오래 끌어안고 있을 뿐이다.

만나서 힘들다면 차라리 관계를 끊어라

사랑하는 사람들은 실연의 아픔을 무릅쓰고 헤어지지만 연인이 아닌 관계의 사람들은 싫든 좋든 그냥 만남을 유지한다. 인간관계에서 좋은 사람만 만날 수는 없다는 생각을 하기 때문이다.

좋은 사람만 계속 만나면 좋겠지만 현실적으로 어려운 일이다. 그동안 만날 생각만 해도 머리가 아픈 사람, 길에서라도 만나지 말았으면 하는 사람처럼 만나기 싫은 사람이 꽤 많았으며 앞으로도 많을 것이다.

지금 주변에 나를 힘들게 하는 사람이 있는가. 당장은 힘들어도 그 만남을 통해 내가 성장할 여지가 있다면 당분간은 계속 만날 필요가 있지만, 만날 때마다 상처를 주고받고 그것으로 내 일상이 피폐해진다면 만나지 말아야 할 사람이다.

모든 사람과 잘 지내면 좋겠지만 인생은 짧고, 보고 싶은 사람도 다 만나지 못하며 산다. 길지 않은 인생에 좋은 사람만 만나면서 살기에도 시간이 모자란데 굳이 얼굴만 봐도 힘들고 기분 나쁜 사람까지 만날 필요는 없다. 내게 지속적으로 상처를 주는 사람은 그가 틀렸든 내가 틀렸든 나와 인연이 아니라고 생각하는 것이 좋다. '만남'에서는 모든 만남을 꼭 유지할 필요가 없다는 사실이 중요하다.

누군가를 만나는 이유는 무언가 서로의 필요를 나누기 위해서다. 그런데 나눔은 고사하고 늘 박탈당하는 기분이 드는 만남은 유지할 가치가 없다. 만날 때마다 남편에게 받은 선물, 여유 있는 경제력, 처가의 재력, 공부 잘하거나 성공한 자녀, 자신이 이룬 업적, 자신의 지식에 대해 말하는 사람은 다소 부담스럽다. 또 사사건건 시비를 따지고 상대방의 마음을 헤아리기는커녕 깎아내리려는 사람을 만나면서 기분이 상할 필요가 있겠는가. 게다가 뒤돌아서면 바로 흉을 보는 사람과 어떻게 관계를 맺을 수 있겠는가. 처음에는 열심히 듣고 공감해주면서 이해하려고 노력할 수 있겠지만 한계가 분명 찾아온다.

자신이 속해 있는 모임에서도 마찬가지다. 모임에 속하는 이유는 여러 가지가 있겠지만 그 어떤 것도 자신을 위한 것보다 우선하지는 않는다. 활동하면 즐겁고 자율성이 충족되는 모임에만 나가라고 권하고 싶다. 자율성이 충족되는 상태는 내가 다른 사람들에게 인정받고 있으며 그 모임이 나에게 발전적이라는 확신이 있을 때다.

'인정받는다'의 핵심은 사람들과의 관계다. 모임에 나가면 늘 스트레스를 받고 사람들 사이에서 주눅이 들거나 잘 보이기 위한 노력을 의도적으로 하고 있다면 그 모임은 당신을 행복하게 해주지 않는다. 언제든 상처받을 소지를 많이 갖고 있는 것이다. 그런 모임이라면 하루라도 빨리 탈퇴하는 것이 좋다.

평소 사진에 관심이 많았던 H는 제대로 배우고 싶어 사진 동호회에 가입을 했다. 신입회원을 위한 세미나를 비롯해 거의 세 달에 걸쳐 주말마다 이론과 실습을 배웠다. 사진도 중요하지만 사람들과의 만남도 중요하게 생각한 H는 모임에 열심히 참석하고 촬영에도 빠지지 않았다.

그러나 시작한 지 얼마 되지 않아 한계를 느꼈다. 우선 실력이 부족했고 장비도 다른 사람들에 비해 빈약했다. 좋은 장비를 갖고 있는 사람들끼리 공유하는 정보는 그림의 떡이었고 사진과 관련된 전문적인 용어를 다 알지 못하는 바람에 대화에 끼지 못했으며 계속 지출되는 출사비용도 부담스러웠다.

점점 촬영이나 토론하는 시간은 물론 친목을 다지는 뒤풀이 시간조차 힘겨웠고 회를 거듭할수록 스트레스가 쌓였다. 그렇다고 쉽게 탈퇴를 결심할 수도 없었다. 여러 달 동안 바친 시간과 노력이 아까웠고 사진을 잘 찍고 싶은 욕망과 뛰어난 실력을 가진 사람들과의 만남도 끊기에는 아쉬움이 많았다. 그러나 장비나 기술, 감각이 초보 수준인 H는 모임 내에서 존재성이 거의 없었다. 시간이 지날수록 오랜 짝사랑에 지치듯 점점 힘겨워졌다.

H는 굳은 결심을 하고 모임에서 탈퇴했다. 처음에는 무언가 잃은 듯 허전했지만 적어도 스트레스를 받지 않아도 되니 후련했다. 마치 몸에 꽉 끼는 옷을 벗은 기분이라고 할까.

J는 한 달에 한 번 모이는 반창회에 빠지지 않고 나간다. 친구들은 다 결혼을 해서 가정을 꾸렸지만 J는 아직 미혼이다. 결혼할 나이가 훨씬 지났지만 재주가 없는지 운이 없는지 아직 사귀고 있는 남자도 없다.

가족들의 걱정 정도는 대수롭지 않게 여기던 J도 반창회에만 나가면 스트레스를 받는다. 반창회의 주된 화제가 남편, 시댁, 아이들 이야기뿐이니 J가 끼어들 대화가 별로 없다. 다른 이야기를 하다가도 번번이 다시 원래의 화제로 돌아가곤 했다.

대화에 끼어들지 못하는 것은 그녀가 미혼이라 잘 몰라서 그렇다고 해도 친구들이 자신을 배려하지 않는다는 생각이 요즘 부쩍 들었다. 그래서 반창회만 갔다 오면 항상 우울해졌다. 다들 제 몫의 인생을 사는데 자신만 그렇지 못한 것 같아서다.

앞으로 나가지 않겠다고 생각하면서도 모임 연락을 받으면 잠시 갈등하다가 또 나가는 자신이 한심하다는 생각까지 들었다. 직장에서는 열심히 일하고 대인관계도 좋은 자신이 유독 반창회에서만 기를 펴지 못하는지 모를 일이었다.

다시 반창회를 마치고 돌아온 날, J는 모임에 두 번 다시 나가지 않기로 결심한다. 반창회에서 그녀를 나쁘게 대하는 사람은 없지만 그 자리에 나가 결혼한 친구들을 보고 대화를 들으며 스스로 상처를 내고 있음을 깨달았다.

친구들을 만나지 못하는 것은 아쉬웠지만 마음은 편했다. 아쉬움과 상처받지 않는 것을 비교해보니 아쉬움을 버리는 것이 현명한 선택이라고 생각했다.

우리는 신이 아니다. 모든 사람을 사랑하고 원수까지 사랑하기엔 현실이 벅차다. 상처받지 않는 법을 터득해서 그게 완전히 내 것이 된다면 그때는 그렇게 할 수 있다. 그러나 상처받는 지금은 내 행복을 위해 선택할 권리 정도는 가져야 한다.

화와 슬픔을 주의하라

상처는 특히 화와 슬픔에서 전이되는 경우가 많다. 화, 슬픔을 구별하지 못하고 그 감성에만 빠져 있으면 상처로 전이되거나 범위가 넓어져 화나 슬픔은 더욱 깊고 두터워진다.

우선 화에 대해 살펴보자. 화가 난 것을 상처와 혼동한 채 시간이 지나면 내가 상처받은 것인지 화난 것인지 모호해진다. 결국 화로 인한 앙금은 상처로 귀결된다.

화가 났을 때 그 감정은 상처와 혼동되기 쉽다. 그러나 그 둘은 다르다. 화는 순간적이고 폭발적이다. 상처처럼 진득하게 붙어 있지 않는다.

아파트 위층이 시끄럽다고 아래층 사람들이 올라와서 항의를 했을 때 다툼이 길어지거나 심해져도 그것은 상처를 주고받는 게 아니다. 서로 격렬하게 화가 난 것이다. 이때 오고 간 말을 곱씹으면 두고두고 기분이 나쁘지만 아무리 나빠도 그뿐이다.

부모들은 자녀가 어버이날이나 생일에 선물을 주지 않거나 잊었을 때 상처받았다고 생각할 수 있지만 그건 부모로서 자녀에 대한 보상심리가 있어 잠시 화가 난 것이다. 그래서 이런 일은 금방 풀어진다.

> S는 모임 사람들이 사적으로 자신에게 연락하지 않았던 것을 알게 되어 기분이 상했다. 그동안 밥도 제일 많이 사고 회비도 제일 많이 냈으며 회원들의 경조사에는 단체로 내는 것 외에 개인적으로도 냈다.
>
> 물론 S는 다른 모임도 많아 거의 1년 동안 이 모임에 얼굴을 내밀지 못했다. 그래도 S의 입장에서는 그동안 쏟은 것이 많은 자신에게 그렇게 했다는 사실이 섭섭했다. 참석하지 못해도 연락 정도는 해줬어야 하는 것이 아닌가 싶었다. S는 살면서 처음 왕따를 당한 것 같아 분노하고 있다.

S는 상처를 받았다기보다는 화가 난 것이다. 만일 그가 경제

적으로 어렵거나 사교적인 성향이 아니어서 주변에 친구가 없었다면 더 심하게 상처받았을 것이다. 그러나 그는 잘 나가는 사람이고 참여하는 모임도 많으며 주변에 친구도 많다. 그 모임이 아니라도 갈 곳은 많다. 게다가 1년 동안 나가지 않았다면 사적인 자리에 부르지 않은 것은 충분히 이유가 된다.

이런 경우에 내가 왕따를 당했구나, 왕따란 이런 것이구나, 나도 이렇게 제외될 수 있구나 하는 식의 부정적인 생각에 빠질 필요는 없다. 물론 상처를 받았을 수도 있다. 그러나 화가 났다는 쪽에 비중을 두는 것이 좋다.

S는 우울한 기분에서 벗어나 해결을 위해 뛰어야 한다. 모임을 주제히는 사람에게 연락하지 않은 이유를 물은 후 그동안 연락을 못 받아 섭섭했고 다음부터는 연락해달라고 부탁하는 것이 괜찮은 방법이다. 상대방의 태도에 따라 약간의 화를 내도 좋다. 하지만 그에게 일방적으로 화풀이를 해서 섭섭함을 풀려고 하지는 말자. 그러다가는 S의 전반적인 행동에 대한 비판을 들을 수 있고 그런 과정이 바로 상처가 될 수도 있다.

만일 앞으로도 그 모임에 열심히 참여할 생각이 없으면 이 기회에 탈퇴를 고려해본다. 그런데 거의 1년 동안 모임에 결석했던 S를 정리하지 않은 것은 그동안 S가 모임에 기여한 행동을 다른 구성원들이 인정했기 때문은 아닐까? 그러니 연락을 하지 않았다고 너무 화를 낼 필요는 없다.

원룸에서 자취하는 E는 집주인에게서 다른 세입자보다 많은 수도세를 내라는 통보를 받았다. 전기는 계량기가 따로 달려 있어 요금이 각각 나오지만 수도는 층마다 합산해서 나오므로 집세에 포함하여 내고 있었다.
평소 복도에 서 있으면 아침저녁으로 샤워하는 소리가 들리고 주방 수도 소리가 끊이지 않으니 아무래도 다른 집보다 수도를 더 사용하는 것 같다는 게 수도세를 더 내라는 이유였다.
E가 더 낼 돈은 몇천 원 정도였지만 왠지 감시를 받고 있다는 것 같아 불쾌했다. 또 몰아세우는 듯한 집주인의 말투도 생각할수록 기분이 나빴다.

이 경우 E는 화가 난 것이다. 이때는 아침저녁으로 샤워하는 것을 체크하거나 복도에서 물소리를 엿듣는 집주인의 태도에 대해 당당하게 화를 내야 한다. 이런 일로 기분이 나빠지는 것은 본인에게 도움이 되지 않는다. 나쁜 기분을 곱씹거나 뒤에서 흉을 보면서 마음을 후벼 파내지 말고 빨리 해결해야 한다. 그까짓 몇천 원 빨리 더 내던가, 왜 엿들었냐고 당당하게 따지거나, 아니면 아예 이사를 하는 방법도 좋다.

화를 낼 때 잘못하면 다른 사람에게 상처를 줄 수 있다는 점을 명심해야 한다. 화가 날 때는 그럴 만한 상황이 조성되어 있다. 화를 낼 수밖에 없는 조건이 감정을 억제해주지 않아도 물이 끓을 때 불을 줄이면 금방 잦아들 듯이 화도 가라앉힐 수 있다. 이것이 상처와 다른 점인데 만일 가라앉히지 못하면 다른 곳에 화풀이를 하게 된다.

영화 〈폴링 다운〉을 보면, 치밀어 오르는 화를 감당하지 못해 극단으로 치닫는 디펜스라는 주인공이 나온다. 회사에서 해고된 그는 아내와 아이를 때려 이혼까지 당한 후 법원으로부터 접근금지처분을 받았다.

가뜩이나 더운 날씨에 에어컨까지 고장이 난 차 안을 더 이상 참지 못해 박차고 나와 어린 딸에게 가지만 이혼한 부인은 전화를 끊어버린다. 그야말로 폭발 일보직전인 디펜스의 눈에 보이는 모든 것이 화를 돋운다. 결국 그는 우연히 얻은 총을 들고 분노하기 시작한다.

내가 처한 모든 경우에는 나 자신을 코너로 몰고 갈 수 있는 사건의 가능성을 항상 내재하고 있다. 그럴 때마다 풀어낼 방법을 찾아보면 있으니 날뛰지 않아도 된다. 만일 그렇지 않다면 우리도 디펜스처럼 총 들고 거리로 나가는 일이 벌어질 수 있다.

화가 나면 전적으로 내가 주체가 될 수 있다. 칼자루를 쥐고 내 의도대로 해결할 수 있다는 말이다. 그렇게 되면 당신은 주도적으로 무엇이든 할 수 있다. 이해, 관용, 새로운 관계의 맺음 등 다 가능하다.

이번에는 슬픔을 보자. 슬픔은 깊고 넓다. 슬픔에 비하면 상처는 뾰족하다. 슬픔은 다른 감정보다 아름답게 묘사할 정도로 깊은 감정이다. 김영랑은 시에서 '찬란한 슬픔의 봄'이라는 글로 기다림과 아픔을 승화시켰다.

슬픔은 견뎌내는 미덕이 있다. 그러므로 슬픈 일을 당했을 때는 오로지 그 슬픔만으로 아파해야 한다. 슬픔을 풀어내려고 하면 어떤 대상을 향하게 되고 그것은 상처로 오인된다. 그럴 때 슬픔은 본질에서 멀어지고 추한 외형만 남는다.

상처받아 우는 사람은 억울함과 배신감으로 서러움에 복받치지만 슬퍼서 우는 사람은 그저 운다. 상처는 빨리 치유해야 흉터가 남지 않는데 비해 슬픔은 어느 정도의 시간이 필요하다. 그래서 슬픔은 자연스럽다.

우리는 슬픔을 상처와 혼동하지 말아야 한다. 슬픔을 대할 때와 상처를 대할 때가 많이 다르기 때문이다. 특히 슬픔이 상처로 전이된 것을 모르고 상처를 치유하는데 집중하면 그대로 남은 슬픔은 또 다른 상처를 만든다.

Y는 10년 넘게 키우던 반려견을 병으로 떠나보냈다. 말이 반려견이지 자식이나 마찬가지였다. 얼마나 지극정성으로 사랑했는지 Y를 비롯한 가족들의 슬픔은 이루 말할 수 없었다. 반려견을 화장해서 자주 산책하던 길가에 뿌렸다. 그 후 직장에 병가를 낼 정도로 힘들게 슬픔의 강을 건너려고 했다. 그러나 사방에 깔려 있는 추억은 한 꺼풀 벗기면 드러나고 또 드러났다. 그러던 중 만난 지인이 개 키우는 사람들의 지나친 애정을 비난했다. Y는 그날부터 슬픔 위에 그 사람에 대한 증오를 씌웠다.

물론 그 지인은 말을 잘못했다. 다른 사람이 소중하게 생각하는 것에 대해서는 견해가 다르더라도 그 소중함을 인정해야 한다. 더구나 다른 이의 깊은 슬픔 앞에서 그렇게 말하는 것은 도리가 아니다. 그러나 그런 무신경한 사람을 오래도록 미워하거나 증오하는 것은 시간 낭비이며 감정 낭비다.

Y는 미움이라는 강렬한 감정으로 슬픔을 이기려고 하는지 모르지만 슬픔은 그렇게 극복하는 것이 아니다. 누군가를 증오할 시간에 사랑했던 반려견과의 추억을 보듬는 것이 좋다. 만일 혼자서 이겨낼 수 없다면 반려견을 기르는 사람들과 슬픔을 나누고 공감하는 것도 좋다.

　우리는 상처의 본질을 확실히 알아야 한다. 지금 내가 겪고 있는 슬픔이나 아픔이 시작된 곳에 다른 상처를 추가하지 말고 원인에 집중하자. 상실감이 가시기 전에 반려견과 무관한 누군가에게 들은 이야기는 흘려버리는 것이 옳다. 그런 말은 중요하지도 않으며 내 슬픔과 전혀 상관이 없다. 흘려버려야 할 말은 단지 약간의 찰과상일 뿐 상처가 아니다.

　슬픔을 다른 곳으로 돌리는 사례를 보자. 장례식을 치루면서 집안싸움이 일어나는 경우를 종종 본다. 싸움의 원인은 재산 분배 같은 심각한 문제도 있지만 대부분 슬픔을 다른 곳으로 돌리려다가 일어난다.

　왜 사람들은 장례식이라는 엄숙한 상황에서 다른 감정을 넣으려는 것일까? 그것은 감당하기 버거운 현실을 뚫고 나갈 돌파구를 찾으려는 행동일 수도 있고 평소 불만이던 보상심리 또는 책임을 회피하고 싶은 심리가 작용했다고 볼 수 있다.

명절에 바빠서 본가에 오지 못한 막내아들 내외를 보러 가던 부모가 교통사고를 당해 세상을 떠났다. 장례식장에서 막내아들은 형제들과 심하게 다퉜다.

형제들은 길에서 돌아가신 부모가 안타까운 만큼 동생을 향한 분노를 참지 못했다. 이 모든 일이 다 막내 때문에 일어났다며 막내에게 화를 내기 시작했다. 명절에 본가에만 왔어도 이런 일이 없었다는 말로 시작된 언쟁은 그동안 맺혔던 온갖 일들까지 다 들춰냈다.

평소 다른 형제들은 막내가 괘씸했다. 멀리 떨어져 산다는 이유로 궂은일에서 제외되는 경우가 많았으나 받을 것은 똑같이 받았기 때문이다.

장례식이 끝나고 막내는 형제들과 절연을 선언했다. 막내에게 형제들은 남보다 못한 사람이 되었고 형제들에게도 막내는 남보다 못한 동생이 되었다.

사회적 기준으로 볼 때 명절에 아무리 바빠도 본가에 가지 못한 것은 잘한 일이 아니다. 그러나 막내가 부모를 돌아가시게 한 직접적인 원인은 아니다.

부모의 갑작스런 죽음 앞에서 뭔가 제물이 필요했고 형제들은 막내를 지목했다. 거기에 그동안 거슬렸던 막내의 행동이 도마 위에 올랐다. 결국 결과는 참담했다.

사고사이기 때문에 당장은 힘들겠지만 시간이 지나면 부모의 죽음은 받아들여진다. 그러나 형제들이 주고받은 상처는 점점 더 깊어져서 돌이킬 수 없을 것이다. 형제들은 막내로 인해 상처를 받은 것이 아닐 수 있지만 막내가 받은 것은 분명히 상처이다.

하늘이 무너질 만큼 큰 슬픔은 견디기 어렵다. 그 슬픔을 이겨내는 방법은 시간의 흐름뿐이다. 어느 것도 시간을 단축해주지는 못한다. 그러므로 슬픔을 극복하는 과정은 누구에게나 비슷하다.

지금, 어떤 일로 슬픔에 잠겨 감당하기 어렵고 삶의 의욕이 떨어진다 해도 상처로까지 확대하는 행동은 자제하라. 그렇지 않으면 어떤 대상을 향해 슬픔을 풀어내려고 하면서 직접적인 관련이 없는 사람에게 상처를 주거나 받을 수 있게 된다.

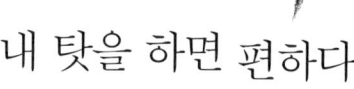

내 탓을 하면 편하다

시간이 걸려도 끝나지 않는 싸움을 보면 대부분 상황에서 맴도는 것을 빈번하게 된다. 누군가 책임을 져야 하는 '핵심'으로 들어가기를 서로 꺼려하는 바람에 언저리를 돌아다니기 때문이다. 이런 경우에는 내 탓을 하면 금방 정리가 된다.

내 탓을 할 수 있다면 사는 게 편하다. 그런데 내 탓을 하면 자존심 부분이 걸린다. 보통 내 탓이라고 말하면 자존심을 다치는 것이라 생각하는데 사실 그렇지 않은 경우가 많다. 어떤 갈등이든 자신도 관련이 있다면 작은 한 부분이라도 책임을 질 이유가 분명히 있다. 그것이 바로 '내 탓'이다.

죽어도 자신의 탓을 하지 않는 사람은 문제가 생기면 우선 벗어날 생각만 하는 바람에 그 상황에서 맴돌 뿐 더 나아가지를 못한다. 또한 다른 사람이 어떻게 생각하는지에 대해 신경을 쓰다 보니 자유롭지 못하다. 이런 경우에는 작은 비난의 소리에도 바로 상처받는다.

그러나 자신의 탓을 하는 사람은 이미 인정했으므로 다른 사람의 반응에 예민하지 않다. 이런 사람은 상처를 받지 않고도 문제를 해결할 수 있다.

K가 속한 모임에 J가 새로 들어왔다. 천성이 명랑한 J는 사람들 사이에서 전혀 낯가림이 없었다. 두 번째 모임이 있던 날에 이미 모든 사람과 이야기를 나눌 정도였다.

몇 달 후 모임의 임원이 그만두자 J가 덜컥 그 일을 맡게 되었다. 공석인 자리에 대해 의견을 물은건데 J가 하겠다고 나선 것이었다. 다들 당황스러웠지만 안 된다고 할 이유도 딱히 없어 J가 그 일을 맡았다.

특유의 활동적인 성격이라 그런지 맡은 일을 잘했다. 그러나 K를 포함한 기존 구성원들은 J의 능력과 별개로 인정하지 않는 분위기였다. 어느 날 불쑥 나타난 J와 친분관계를 제대로 쌓지 않아 아직 받아들일 준비가 되어 있지 않았다. 게다가 일을 맡은 것도 눈치가 없는 사람처럼 보여 마음에 들지 않았다. J를 어떻게 해야 하는지 판단이 서지 않는 상황에서 일을 잘하는 J의 모습은 이상하게 얄미워 보였다.

사람들 마음속에 쌓여가던 부정적 감정이 드디어 사소한 일로 인해 드러나게 되었다. 서로 불편한 말이 터져 나왔고 모임의 정체성마저 거론되기에 이르렀다.

놀랍게도 J는 이 사태를 자신의 탓으로 돌렸다. K에게는 다 자신의 탓이라고 말하는 J가 다른 차원의 사람처럼 보였다. J가 바로 자기 탓을 하자 모임의 내분은 바로 아무 일도 없었다는 듯이 마무리되었다. 그 일이 있은 후부터 모임 구성원들은 J와 더욱 빨리 친해졌다. J는 절대 자존심을 다치지 않았고 상처까지 가지도 않았다. K는 내 탓을 하면 어떤 효과가 있는지 직접 본 것이다.

반드시 내 탓은 기꺼이 경쾌하게 해야 한다. 깊은 자괴감에 빠지는 우울한 내 탓은 별로 좋지 않다.

도스토예프스키의 소설 『죄와 벌』에서 라스콜리니코프는 악을 제거한 것에 대한 정당성으로 죄를 인정하지 않지만 심한 자괴감에 빠져 불안정한 심리상태를 보여준다. 그가 자신을 경멸하

부분은 너무도 처절하다. 『죄와 벌』이 시대를 초월해 독자에게 공감대를 느끼게 하는 이유라고 생각한다. 바로 우리 모두가 분명하지 않은 정의로 무장하고 결국 스스로를 상처 내는 일에 익숙하기 때문이다. 우리는 근본적으로 그런 속성을 갖고 있다.

톨스토이의 소설『부활』에서 네흘류도프 공작은 모든 결과를 자신의 탓으로 돌리면서 자괴감을 해결한다. 그는 자신이 건드린 하녀 카튜사가 세월이 흘러 불행하게 사는 것을 알게 된다. 그가 카튜사를 구하기 위해 하는 행동들은 인간의 도덕적인 본질을 충분히 느끼게 한다. 귀족의 지위를 버리고 시베리아 유형지로 카튜사를 따라가는 네흘류도프는 우리들이 되고 싶은 전형적인 모습일지 모른다. 우리는 이러한 속성을 갖고 있다. 다만 용기가 없을 뿐. 용기가 없어서 선뜻 내 탓이라고 고백하지 못하는 것이다. 자신의 과오를 인정하는 모습은 자못 신성하다.

우리가 고백하기를 주저하는 이유는 실수에 대한 인정 때문이다. 그러나 그것과 내 탓은 다르다. 모든 잘못에는 관련된 사람들 각자 할당되는 부분이 있다. 혼자 실수했다고 해도 혼자만의 것이 아니다. 잘못은 비록 혼자 했어도 그 당시 상황이 영향을 미쳤다. 그러므로 내 탓은 어떤 경우이든 전체가 아닌 부분이다.

개인적인 것이 있다면 그것은 담대한 용기의 문제다. 내 과오가 있는데 용기가 없어 계속 미루면 언젠가 결국 드러나 주변에서 비난이 쏟아지고 상처를 받게 되어 있다. 1시간이면 도착할 거리를 이러저리 샛길을 찾다가 시간은 몇 배로 걸리고 몸은 만신창이가 되는 것과 마찬가지다.

영화 〈쇼생크 탈출〉에서 레드는 종신형을 선고받고 40년 동안 복역했다. 가석방위원회 관계자가 교화된 것 같다고 생각하는지에 대한 질문에 담담하게 말하는 레드의 모습은 많은 것을 생각하게 만든다.

"후회를 느끼지 않는 날이 없소. 그래야 한다고 당신이 강요했기 때문은 아니오. 옛날의 나를 돌아보면 끔찍한 죄를 저지른 젊은 놈이 있소. 그놈에게 말하고 싶어. 정신 차리라고. 지금 현실을 말해주고 싶어. 하지만 그럴 수 없지. 그 젊은 녀석은 오래 전에 없어지고 이 늙은 놈만 남았어."

'내 탓'은 엉킨 실타래의 가장 중요한 한쪽 끝 실가닥을 찾아내 잡는 것과 같다. 아무리 엉켜 있어도 그 실가닥을 잡아 빼면 엉킴이 스르르 풀어진다. 실가닥을 찾아내지 못해 실뭉치를 다 버려야 한다면 생각만으로도 아깝다.

내 탓은 나뿐만 아니라 내 주변 사람들의 상처까지도 막을 수 있는 좋은 방법이다.

솔직한 게 편하다

솔직하고 당당하자는 말이 바른 생활 구호 같다고? 아니다. 이건 지킬수록 매력 있는 일상생활 지침이며 실천한다면 애초에 상처 같은 것은 절대 받지 않는다.

남의 눈을 너무 의식하면 내 의지대로 행동할 수가 없다. 내 생각과 갖고 있는 것을 드러내지 않는 사람은 두 가지 유형이다.

첫 번째 유형은 천성부터 긍정적이어서 뭘 해도 다 좋아하는 사람으로 어떤 의견에도 이의가 없으며 갈등도 하지 않는다. 이런 사람은 어디서든 문제를 만들지도 않으며 상처의 중심에 서지도 않는다.

두 번째 유형은 비난을 두려워하는 사람이다. 의식적인 성향이 강해서 항상 주변의 반응을 살핀다. 이런 사람은 신중하다기보다는 비겁한 사람이다. 비겁한 사람은 자신의 의견이 받아들여지지 않아도 상처를 받으니 관계에서 발생하는 거의 대부분 일에 상처를 받는다고 봐도 된다.

지금 잠시 내 주변에 있는 사람들 중에서 천성이 좋아 매사 긍정적인 사람과 점잖아 보이지만 비난이 두려워 가끔 비겁한 행동을 하는 사람을 떠올려 보자. 그러면 금방 이해가 갈 것이다.

솔직하고 당당하면 긍정적인 사람보다는 못하겠지만 비겁한 사람처럼 상처를 많이 받지 않는다. 어쩌면 천성이 좋아 긍정적인 사람의 경우 남에게 보이는 자신의 모습을 유지하느라 생기는 스트레스 때문에 상처를 받고 있을 수도 있다. 그렇게 보면 솔직하고 당당한 사람이 상처에는 더 무관할 수 있을 것이다.

주어진 일을 제때 못했을 때 어떠한 평계를 말해도, 못했다는 사실은 그 자신도, 다른 사람도 이미 알고 있다. 뻔히 알고 있는 평계를 대는 것보다 솔직한 모습이 훨씬 멋지다.

남의 눈치를 살피면서 모르는 것을 안다고, 할 줄 모르는 것을 할 줄 안다고 해봤자 거의 대부분 거짓말하는 사람으로 인식될 가능성이 매우 높다.

자신에게 좀 더 솔직하면 적어도 일을 꼬이게 하지 않으며 받을 상처도 줄어든다.

　모든 사람들에게 좋은 인상을 남기려고 애쓸 필요는 없다. 좋은 인상을 남기려면 뭐든 긍정적인 말을 해야 한다는 것은 편견이다. 잘하려고 노력하는 것은 좋지만 그 때문에 자신에게 맞지 않는 꾸밈은 스스로를 피곤하게 만든다.

　주변 사람들에게, 관계를 맺는 사람들에게 늘 솔직하게 자신의 생각과 현 상태를 말하면 앞으로가 편하다. 솔직한 당신은 모든 상황에서 자유로울 수 있으니 상처받는 환경에서 멀찌감치 떨어져 있게 된다.

3장

'나' 그리고 상처

상처를 극복하는 방법

만일 이미 상처를 받았다면 어떻게 해야 하나? 분명 그대로 두면 덧나서 흉터가 오래도록 남는다.
상처를 받았을 때는 빠르고 굳세게 극복해야 한다. 그렇다고 상처를 준 상대방을 찾아가 싸울 수도 없고 제삼자에게 화풀이할 수도 없다. 결국 자신과의 싸움이며 해결도 자신의 몫이다.
이번 장에서 제시하는 방법은 상처의 극복뿐 아니라 나 자신의 발전을 동시에 이루게 해줄 것이다.

상대방에게서 찾아라

　상처를 받으면 당장은 괴롭고 힘들지만 시간이 흐르면 상처의 이유보다 내게 상처를 준 사람에 대한 미움이 더 오래 남는다. 상대방이 내게 했던 말과 그 말을 할 때의 얼굴이 마음에서 지워지지 않는다.

　미움은 갖고 있기에는 너무 힘든 감정이다. 그러므로 상처를 극복한다는 말은 상처준 사람을 극복한다는 말과 같다.

　상처와 관련된 강의를 하면서 수강자들에게 상처 이후의 상태에 대해 물어봤다. 가장 많은 공통점은 상처를 받은 후 시간이 지나면 상처의 구체적인 내용보다 상대방에 대한 감정이 깊어진다는 것이었다. 사정이 좋아져도 그 미움은 워낙에 깊이 뿌리 내리고 있어서 쉽게 가시지 않았다.

상대방(상처를 준 사람)을 용서해야 하겠지만 용서란 지극히 포괄적이다. 또 혼자만 하는 용서는 지속력이 떨어진다. 그렇다고 상대방을 만나서 내가 너를 미워하고 있으니 우리 서로 용서하자고 담판을 짓는 행동은 위험요소가 많다.

상처의 극복을 상대방에게서 찾는다는 것은 상대방을 넘어서는 방법을 알려는 노력이다. 바로 그 상대방보다 내가 더 훌륭한 점을 찾는 것이다. 그렇다고 상대방을 깎아내려서 마음의 위안을 삼으라는 말이 아니다. 어떻게 보면 하나의 방법일 수 있지만 억지스러우며 서로 더 큰 상처를 주고받을 수 있다.

찾고자 하는 훌륭한 점이 너무 막연한 것도 안 된다. 구체적으로 찾아내야 한다. 내가 더 행복하다, 내가 더 기쁠 때가 많다 같이 두루뭉술한 것은 안 된다. 왜 행복한지, 어떤 기쁜 일이 많은지를 구체적으로 찾아야 한다.

예를 들면 내가 더 예쁘게 생겼다, 내 키가 더 크다, 나는 그보다 컴퓨터를 잘한다, 그보다 더 친절해서 사람들이 나를 더 좋아한다, 내가 더 친구가 많다, 나의 배우자가 더 너그럽다, 내가 더 공부를 잘했다 같이 되도록 구체적으로 찾아야 한다. 많으면 많을수록 좋다.

자신의 훌륭한 점을 찾다 보면 자연스레 상대방의 단점을 찾게 되는데 깎아 내리는 것과는 다르다. 그렇게 찾은 단점은 대부분 다른 사람들도 알고 있는 내용이다.

자신의 훌륭한 점을 찾으려면 종이에 '내가 그 사람보다 훌륭한 점'을 직접 작성해야 훨씬 잘 알 수 있다. 작성하다 보면 당신이 그 사람보다 훌륭한 점이 있다는 사실에 만족감을 느낄 것이다. 또한 마음만 먹으면 그 훌륭한 점으로 상대방에게 상처를 줄 수 있었지만 그렇게 하지 않은 행동을 '내가 그 사람보다 훌륭한 점'에 하나 더 추가할 수 있다.

원로 교사인 P는 젊은 사람만큼 컴퓨터를 자유자재로 사용하지 못한다. 그저 한글 문서를 작성하는 수준이다. 어느 날 연구수업을 위해 프레젠테이션이 필요해서 같은 과목의 젊은 교사에게 도움을 청했다. 그 교사가 뛰어난 실력으로 자료를 금방 완성해줘서 연구수업은 무사히 끝났다.

그런데 얼마 후 한 회의 때 그 젊은 교사는 교사라면 누구나 컴퓨터를 배워서 능숙하게 프로그램을 써야 한다는 의견을 냈다. 그의 도움을 받았던 P는 쥐구멍에라도 들어가고 싶은 심정이었다. 회의 중에 말할 수 있는 의견이지만 자신을 겨냥

한 소리로밖에 들리지 않았다. 나이 많은 사람이 젊은 사람에게 따질 수도 없는 노릇이라 속으로 감정을 삭이려 했으나 이미 받은 상처는 지울 수가 없었다.

며칠 후 회식자리에서 젊은 교사는 자기 입장만 내세우는 발언을 하다가 다른 교사들의 노여움을 사게 되었다. 젊은 패기와 의욕이 넘친다는 일부 의견이 있었지만 사람들의 기분을 헤아리지 못하는 경솔한 사람이라는 평가가 난무했다.

P는 자신의 젊은 시절을 돌아보았다. 업무능력은 어땠는지 모르지만 사람들 사이에서 성격이나 습관으로 인해 욕을 먹은 적이 없었다. 늘 다른 사람을 배려하고 자신을 낮추며 살아왔던 자부심이 고개를 들었다. 적어도 젊은 교사보다 현명하게 인간관계를 유지하며 살았다는 안도감을 가질 수 있었다. 그러자 젊은 교사를 너그럽게 볼 여유가 생기는 것이 아닌가. 그는 자신이 젊은 교사보다 훌륭한 점을 찾아내 상처를 극복한 것이다.

만일 상대방이 어려운 사정이나 상황에 처했다면 그 사정 또는 상황을 이해하려고 해보자. 이해의 과정을 통해 상대방에게 받은 상처가 사라질 수 있다. 눈 녹듯이.

세차장을 운영하는 K는 만날 때마다 똑똑한 척하는 친구가 괘씸했다. 사람을 깔보는 듯한 말투와 모든 것을 다 아는 듯이 행동하는 모습은 보기만 해도 기분이 상했다.

얼마 전 세차장으로 온 친구들과 커피를 마시다가 아이들 이야기가 나왔다. 아이가 있으면 성적이나 진학 문제는 모두의 관심사이기 때문에 자주 오르내리는 화제다. 평소 솔직한 K는 애들이 공부를 못해서 속상하다는 말을 했다. 그때 그 친구는 대뜸 너 닮아서 공부 못하는 것 아니냐면서 "너도 공부 못했었잖아"라고 말했다.

다들 농담으로 듣고 한바탕 웃어넘겼지만 그는 도저히 흘려들을 수가 없었다. 학창시절 K의 성적은 실제로 좋지 않았다. 밤이 되어 잠자리에 누웠지만 잠이 오질 않았다. 친구의 조롱하는 듯한 얼굴이 사라지지 않았다. 평소 자신 앞에서 잘난 척하던 친구가 예전부터 공부 못했던 자신을 우습게 알았기에 그런 말을 했다는 생각이 들었다. '얼마나 우습게 알았으면 그런 말을 아무렇지도 않게 했을까'라는 생각에 노여움이 가슴에 가득 찼다. 며칠이 지나도 기분은 계속 저조했고 다시는 그 친구를 보지 않겠다고 결심했다.

그러던 어느 날 세차장에 온 다른 친구에게 그 친구의 아들이 자폐증을 앓고 있다는 이야기를 듣게 되었다. 꽤 오래 되었는데 그가 주위에 말을 하지 않아서 몇 사람만 알고 있는 사실이라고 했다. 증세가 심해 학교보다 입원한 기간이 더 길다는 말도 했다.

부모에게 자식 아픈 것보다 힘든 게 세상에 또 어디 있을까. K는 진심으로 친구의 힘든 처지가 아프게 다가왔다. 또한 친구에게 받은 상처가 낫는 것을 느꼈다. 그렇게 어려운 일을 겪고 있는 사람을 미워하는 것은 도리가 아니라고 생각했기 때문이다.

이렇게라도 상처준 사람과 상처를 극복하는 게 힘들다면 다른 방법을 하나 더 써보자. 타인을 이해하는 가장 좋은 방법은 내가 알고 있는 타인의 좋은 면을 상기하는 것이다. 그중에서도 상대방이 내게 잘 해줬던 기억을 떠올리면 상대방이 처음부터 나쁜 사람은 아니라는 생각이 든다. 그 생각이 들면 극복은 충분하다.

결혼을 앞둔 M은 최근 들어 왠지 모르게 차가워진 장모의 표정이 마음에 걸렸는데 이내 이유를 알게 되었다.

M의 친구 어머니와 장모는 아는 사이인데 M이 대학시절 다

른 여자와 사귀던 일을 친구 어머니가 장모에게 한 것이다. 요즘은 한두 번의 연애가 흠이 되지 않지만 M은 좀 깊이 사귄 경우였다. 이미 지나간 과거의 일이었지만 그게 장모의 귀에 들어갔으니 난감했다. 게다가 장모가 알고 있는 내용은 M과 친구만 아는 비밀스러운 내용이었다. M은 그런 것까지 자기 어머니에게 말한 친구가 괘씸했다.

결혼 후 오랫동안 장모가 자신을 신뢰하지 않는 느낌이 들어 M은 관계를 회복하기 위해 애를 많이 먹었다. 그럴수록 친구에 대한 원망이 점점 상처가 되어가고 있었다. 이 사실을 안 친구가 사과했지만 이미 상처에 미움까지 더해져 M은 용서가 잘 되지 않았다.

그러던 어느 날, M은 우연히 학교를 다닐 때부터 있었던 중국집을 발견했다. 그 중국집을 보다가 과거에 그 친구가 해준 일이 떠올랐다.

사실 고등학교 시절 M의 집안은 어려웠다. 용돈을 제대로 받지 못하는 M에게 용돈을 쪼개 늘 밥을 사주던 사람이 바로 그 친구였다. 이 중국집에서 친구가 사주던 우동을 그때 M은 얼마나 맛있게 먹었는지 잊지 못하고 있다. 늘 사주면서도 고등학교 3년 동안 단 한 번도 생색을 내지 않던 친구였다.

M은 그 친구를 용서하기로 했다. 그동안 억울한 것만 생각했지 왜 지난 시절의 고마움을 잊었는지 알 수가 없었다.

그날 저녁 M은 친구를 불러 지난 시절의 추억을 나누었다. M의 상처는 말끔히 없어졌다.

이러한 방법을 통해 나의 또 다른 장점을 찾을 수도 있다. 그것은 상처로 젖어있던 패배의식을 없애주며 자신감을 회복시켜주는 역할을 해준다. 그렇게 회복된 자아는 다른 상처까지도 극복하게 해줄 것이다.

자신을 성장시키는 시간으로 생각하라

상처는 예고 없이 찾아온다. 하필 내게 상처가 왔냐고 화를 내봤자, 상처준 사람을 증오해봤자 상황만 더 악화될 뿐이다.

'당신이 내게 상처를 줬지만 나는 쓰러지지 않는다. 더 노력해서 두 번 다시 같은 일로 상처받지 않도록 하겠다'라는 다짐으로 상처와 마주봐야 한다.

이 방법을 가장 권하고 싶다. 상처를 통해 알게 된 자신의 부족한 점을 좋게 개선해서 성장할 계기로 만들면 상처는 오히려 성장의 단비가 된다.

상처를 받았을 때는 자신을 더 강하게 만들도록 노력해야 한다. 그것이 바로 나 자신을 성장시키는 길이다. 자신을 성장시키기 위해 열심히 노력하면 상처 따위는 멀어질 뿐 아니라 다시는 받지 않을 수 있게 된다는 확신을 가질 수 있다.

학력 때문에 상처를 받았다면 지적인 면에서 향상되기 위해 노력해야 한다. 학력보다 내실이 중요하다는 생각을 염두에 두자. 우리 주변에는 가방끈이 짧아도 성공한 사람이 많다. 그들이 얼마나 노력했을지 상상해보라. 아무런 노력도 하지 않고 짧은 가방끈만 탓한다면 학력은 언제나 열등감이 되어 상처가 될 수밖에 없다.

그렇다면 어떤 노력을 해야 할까? 우선 독서를 많이 해야 한다. 서점에 자주 들러 책을 접해라. 서점은 가서 있는 것만으로도 무언가 얻어지는 것이 있는 장소다. 어려운 책을 읽으려다 고생하지 말고 잘 읽히는 책부터 시작하면 좋다.

독서는 생각의 균형을 잡아준다. 문학서적은 인간 존재의 의미를, 역사책은 시공을 넘는 삶의 지혜를, 철학서적은 모호한 현실을 구체화해주는 개념분석의 역할을 한다.

신문을 보는 것도 중요하다. 인터넷에서 검색하는 뉴스는 요약된 사실만을 전해주지만 신문은 원인과 결과를 알 수 있으니 많은 정보와 지식을 얻게 된다.

또한 영화를 통해 다른 인생을 간접적으로 경험할 수 있고 텔레비전의 다큐멘터리나 시사프로그램을 통해 새로운 정보와 세상 보는 시각을 가질 수 있다.

만일 그것으로도 해결이 안 되고 학력이 계속해서 나에게 열등감이라면 늦었다는 생각을 버리고 진학을 준비하는 것도 좋다. 졸업은 그다음에 생각할 문제다. 혹시 사정이 생겨 졸업을 못해도 도전하는 과정에서 얻는 소득은 상당할 것이다. 그쯤만 되어도 학력으로 인해 치명적인 상처는 없을 뿐 아니라 삶의 품격이 높아질 것은 분명하다.

경제적인 문제로 받은 상처는 형편이 좋아지면 금세 회복된다는 특징이 있다. 하지만 형편이 좋아지지 않으면 계속 어렵다는 데 상처의 원인이 있다. 가진 게 없어서 받는 서러움은 크고 가난은 뭘 하든지 발목을 잡는다. 어떻게든 극복하고 떨쳐내야 돈과 대면할 때 좀 더 성장한 내가 될 수 있다.

우선 자신의 형편대로 떳떳하게 사는 것이다. 너무 위를 보지 말고 현재 가진 것을 살펴보는 데서 시작한다. 꼭 비싼 것을 먹어야 외식이 아니고 비싼 물건을 사야 쇼핑은 아니다. 그렇다고 가난에 익숙해지라는 말은 아니다. 절약에 익숙해지라는 말이다. 절약은 부끄러운 일이 아니다. 다행히도 우리 사회는 아직까지 낭비보다는 절약이 미덕이다.

부유한 사람들 사이에서 당당할 자신이 없다면 당분간 그들을 만나지 않으면서 이를 악물고 열심히 돈 버는 것이 좋다.

경제적으로 어려운 시절을 보낼 때 곁에 같이 있어준 가족들, 친구들을 더욱 소중하게 생각하는 시간이라고 생각하라. 아마 그전보다 세상을 바라보는 마음이 더욱 따뜻해질 것이다. 또한 경제적으로 어려운 시간 동안 갖고 싶은 것, 누리고 싶은 것을 포기하는 과정을 경험하면 고생이라고는 해본 적이 없는 사람들에 비해 세상 사는 강한 힘을 분명 갖게 된다.

돈이 없어 사는 것은 힘들지만 그 시간 동안 인생에서 중요한 스펙을 쌓았을 것이다. 주머니가 항상 두둑했다면 절대로 알 수 없는 것이 세상에 얼마나 많은가.

경제적으로 어려운 시간을 통해 당신은 분명 세상을 사는 지혜를 얻게 되었고 자연스럽게 성장했음을 느낄 것이다.

외모와 관련해서 상처를 받는다면 이 사실을 우선 알아뒀으면 한다. 이 세상에 자신의 외모에 100퍼센트 만족하며 사는 사람은 없다. 연예인들에게 외모 중에서 어디가 마음에 들지 않느냐고 물으면 거의 대부분 몇 가지를 언급한다. 분명 잘 생겼는데도, 그렇게 많이 고쳤는데도 만족스럽지 않다는 것이다.

외모는 대체적으로 자기만족이다. 필요하다면 성형을 하는 것도 방법이지만 얼마나 성형을 해야 만족할 수 있을지는 개인적 차이가 있다. 외모가 한두 군데 불만스럽다면 고치면 되지만 전반적으로 외모에 자신이 없다면 수술로도 해결이 되지 않는다.

비만이 문제라면 꼭 살을 빼야 한다. 요즘 20~30킬로그램을 빼는 사람이 얼마나 많은가. 당신이 다이어트에 성공하지 못할 이유는 어디에도 없다. 게다가 살이 빠지면 몸이 가벼워지고 건강에도 좋으며 외모에 자신감이 붙어 표정도 밝아진다.

실연을 단순히 상처로 생각하지 않고 자신을 돌아보는 시간으로 만들어 좀 더 성숙해진 사례도 있다.

> 대학생 K는 실연을 겪었다. 여자친구가 다른 남자를 만나고 있다는 사실을 안 순간 분노가 이성을 마비시켰다. 소리 나지 않는 총이 있다면 당장 쏴버리고 싶은 충동까지 느꼈다.
> K는 며칠 동안 술에 빠져 살았다. 그러다가 K는 자신을 돌아보는 시간을 갖게 되었다.
> 그동안 여자 친구와 데이트하느라 수업도 빠진 적이 많았고 지출도 예상보다 많아 부모님께 용돈을 더 받으려고 이런저런 궁색한 핑계를 댔다. 그런 얼빠진 모습이 여자 친구에게 실망을 준 것은 아닌가라는 생각이 들었다. 이 실연이 자신에

게도 어느 정도는 책임이 있음을 아프게 인정했다.

그는 마음속을 가득 채운 배신감을 그냥 두기로 했다. 괘씸하지만 떠난 사랑에 연연하는 못난 남자이고 싶지는 않았다. 더 이상 부끄러운 짓을 하면 자신을 용서할 수 없을 것 같았다.

대신 K는 변화를 선택했다. 먼저 자취하는 방을 대청소했다. 쓰지 않는 물건들을 버리고 욕실은 물론 창문까지 닦았다. 아르바이트 자리도 구했다. 시간을 좀 더 알차게 쓰기로 결심한 것이다.

세 달이 지난 지금 K는 계획대로 생활하고 있다. 물론 실연에서 완전히 벗어난 것은 아니지만 적어도 못 견딜 정도는 아니다. K는 세 달 사이에 자신이 부쩍 성장했다고 느꼈다. 실연의 아픔을 경험해서가 아니라 자신을 돌보면서 상처를 희석시켰기 때문이다. 시간이 더 지나 다시 새로운 사랑이 찾아온다면 그때는 자신도 지키고 연인도 지키는 멋진 사랑을 하리라 결심했다.

자신이 노력해서 얻은 것에는 말도 못할 자랑스러움이 섞여 있으므로 다시 잃지 않는다. 그 정도만 되어도 상처는 거뜬히 극복할 수 있다.

나보다 더 힘든 사람이 있다는 것을 기억하자

　얼굴에 주근깨가 잔뜩 덮여 있는 사람 앞에서 몇 개의 잡티로 고민하는 행동이나 말은 하지 말아야 한다. 생활비조차 없는 사람 앞에서 여행계획을 말하는 것도 삼가야 할 일이다.
　세상에 힘든 사람은 많다. 지금 상처받아 힘들다면 주변을 둘러보라. 심각한 왕따를 당하고 있는 사람, 실직한 사람, 당장 먹고 살 걱정을 할 만큼 상황이 좋지 않은 사람, 중병에 걸린 사람, 가까운 사람의 죽음을 겪는 사람 등 참으로 많다.
　상처에도 경중이 있다. 물론 이런 것은 괜찮고 이런 것은 조금 덜 괜찮다는 기준을 정할 수는 없다. 사람마다 받아들이는 차이가 있기 때문이다. 그러나 기본적으로 '저런 일을 겪으면 정말 힘들 것이다'라는 객관적 기준이 있다.

  내 것이 아무리 커도 지나치게 주관적이면 이기적이다. 내 상처가 주변 사람보다 나쁘지 않다면 마음을 추슬러야 한다. 그것이 함께 살아가는 사람들에 대한 도리이다.

  L은 우연히 자신이 사람들에게 욕먹고 있다는 것을 알았다. 게다가 한 사람이 자신에 대해 험담하고 있는 현장을 목격한 후로는 깊은 상처의 늪에 빠졌다. 빨리 지금 살고 있는 곳을 떠나고 싶은 심정이었다. 처음에는 자신을 욕한 사람들에 대한 배신감으로 치를 떨다가 시간이 지나면서 내가 이 정도밖에 안 되는 사람이었던가 하는 자괴감이 더해졌다.

앞으로 살아갈 자신이 없고 사람들과의 관계는 더욱 겁이 났다. L은 겨우겨우 하루를 보냈다. 아침에 일어나면 하루가 너무 길었고 반복되는 일상조차 힘겨웠다. 누군가에게 하소연하고 싶었지만 자신의 편에 서줄 사람은 아무도 없는 것 같았다. 그동안 헛살았다는 생각이 머릿속에서 떠나질 않았.

그러던 중 지인이 사고로 아들을 잃었다. 장례식장에서 자식을 잃고 오열하는 지인을 보는 순간 그동안 왜 사는지 모르겠다고 투정부리던 자신이 참으로 가벼운 사람처럼 느껴졌다.

대체 그까짓 일이 뭐라고 세상 끝난 것처럼 굴었을까. 이렇게 세상을 다 잃은 것보다 더 힘든 사람도 있는데….

L은 자신으로 인해 일어났던 모든 일을 겸허히 받아들이고 자신의 언행을 돌아보며 자숙의 시간을 갖기로 했다. 그것은 그리 어렵지 않았다.

사진관을 하던 C는 디지털카메라가 나오면서 매출이 줄기 시작했다. 결국 몇 년을 버티다가 가게 문을 닫고 말았다. C에게 지난 몇 년은 두 번 다시 경험하고 싶지 않은 악전고투의 시간이었다. 모든 것이 거의 바닥이었지만 그래도 이쯤에서 과감하게 가게를 접었으니 그나마 다행이라고 생각했다. 그런데 C를 두렵게 하는 것은 다시 실패할지도 모른다는 불안이었다. 자신의 운이 다 된 것 같고 이번에도 안 되면 영영 회생하지 못할 거라는 예감이 떠나질 않았다.

일을 놓고 있는 몇 달 동안 C는 눈에 띄게 우울해져 갔다. 사람들이 근황을 묻는 말뿐만 아니라 걱정해주는 말에도 쉽게 상처를 받았다.

그러던 중 친구의 비보가 들렸다. 하던 사업이 부도났다는 이야기는 들었지만 그 후 소식을 몰랐는데 자살을 했다는 것이었다. 빈소에 가니 넋이 빠진 친구의 아내와 울다 지친 아이들이 있었다. 사정이 점점 나빠져 원룸에서 살고 있었다는 이야기도 들었다.

C는 진심으로 친구가 그동안 얼마나 힘들었을지 조금이나마 짐작할 수 있었다. 자신보다 몇 배나 더 힘들었을 친구에 비하면 지금까지 상황은 아무것도 아니라고 생각했다. 암에 걸린 사람 앞에서 감기로 엄살을 부린 자신이 부끄러웠.

C는 다음 날 일찍 일어나 인터넷을 검색하고 창업에 관한 책을 사러 서점으로 향했다. 한시라도 빨리 무언가에 도전하겠다는 생각을 하면서 오랫동안 방치했던 나약함을 거둬들였다.

L과 C는 다른 사람의 어려운 상황을 보고 자신의 상처는 아무것도 아님을 깨달았다. 이들의 돌아봄은 특별한 사람이어서 가능한 것이 아니다. 우리도 경험하지 않은 고통이나 상처의 무게를 어느 정도 알고 있으므로 할 수 있다.

내가 힘들어 하는 지금, 내 주변에는 나보다 더 힘든 상처가 있는 사람이 분명 있다. 그러한 사람보다는 낫다는 생각으로 상처를 극복할 용기를 얻는 지혜가 필요하다.

몰두할 수 있는 취미를 갖는다

상처의 극복은 빠를수록 좋다. 이때 몰두할 수 있는 취미가 있으면 큰 도움이 된다. 중병에 걸린 환자에게 의사가 목공예를 권하는 것도 '몰두'의 이점이 있기 때문이다.

가급적이면 성취감이 있는 취미가 좋다. 그전부터 하던 취미가 있었다면 계속해도 좋겠지만 그보다는 새롭게 성취감이 있는 취미에 도전하는 것을 권한다.

영화 〈실버라이닝 플레이북〉은 상처로 인생이 구겨진 남녀가 사랑을 찾아가는 과정을 보여준다. 그들이 선택한 춤에 대해 말하고자 한다.

팻은 아내의 외도를 목격하고 순간적으로 감정이 폭발해버려 직장, 아내, 집까지 다 잃는다. 게다가 정신까지 이상해져 8개월 동안 정신병원에서 생활한 후 퇴원한다.

티파니는 남편의 죽음 이후 외로움을 견디지 못해 회사의 모든 남자와 관계를 맺다가 해고당한다. 주변 사람들은 티파니에게 창녀라는 낙인을 찍어 버렸다. 아무도 그녀와는 이야기하기를 꺼렸다.

같은 동네에 살고 있는 이 남녀는 절대 회복하지 못할 것처럼 보였다. 그러던 어느 날 티파니가 팻에게 댄스대회 참가를 제의한다. 연습은 잘되는 날도 있고 안 되는 날도 있지만 그들은 점점 몰두한다. 그들이 연습하는 춤은 춤 자체의 의미보다는 현실과의 의도적인 괴리처럼 보인다. 그늘은 각자의 상처를 서서히 치유해 나간다.

현재의 위치에서 달라지려면 어떠한 매개체가 있어야 한다. 베네수엘라의 엘 시스테마는 음악을 매개체로 시작한 교육프로그램이다. 베네수엘라의 빈민층은 도덕적 가치보다 생존이 중요하다. 빈민층 어린이와 청소년은 쉽게 범죄조직에 가담했다.

1975년 베네수엘라는 국가 차원에서 저소득층 음악교육프로그램을 시작했으며 결과는 대성공이었다. 현재까지 30만 명 정도가 거쳐 갔으며 LA 필하모닉 상임 지휘자인 구스타보 두다멜,

베를린 필하모닉 더블베이스 연주자인 에딕슨 루이즈 등 유명 음악인을 배출하기도 했다. 단순히 학교의 교육과정만으로 이들을 교육했으면 절대 가능하지 않았을 것이다. 안 하던 것, 새로운 분야, 몰두할 수 있는 것은 목표 그 이상의 성과를 만든다.

혼자 간단하게 할 수 있는 새로운 취미로 달리기를 추천한다. 평소 뛸 수 있는 한계보다 약간 더 멀리 거리를 잡아서 도전하면 좋다. 목표가 필요하다면 마라톤 대회에 참여해도 괜찮다.

영화를 즐기는 취미도 좋다. 영화는 짧은 시간에 내가 경험하지 못하는 다른 인생을 접할 수 있다. 영화를 보면서 내 상황이 저 정도는 아니어서 다행이다. 나와 비슷한 경우를 가진 사람이 어딘가 있겠지 등의 생각을 통해 자신의 처지를 위로할 시간을 만들 수 있을 것이다.

당분간 아무런 생각을 하고 싶지 않도록 만드는 중독성이 있는 드라마도 좋다. 드라마는 길이가 길고 연결해서 봐야 하기 때문에 한동안 아예 다른 세계 속에서 살다 나올 수 있다. 하루 시간을 잡아 간식을 잔뜩 사다 놓고 IPTV 등을 통해 보면 어떨까? 드라마에 한동안 푹 빠져 있다 보면 생각이 다른 곳을 향해 있던 시간만큼 상처에서도 조금은 멀어진 자신을 느낄 수 있을 것이다. 수사물이나 스릴 있는 드라마를 추천한다.

정적인 성향이 있는 사람이라면 퀼트나 십자수를 추천한다. 약간의 연습이 끝나면 조금 큰 작품을 하나 만드는 것이 좋다. 완성의 기쁨은 생각보다 오래 간다. 만드는 동안 음악이나 라디오를 듣거나 집중하지 않아도 되는 텔레비전 프로그램을 켜놓자. 조용한 가운데 만들다 보면 머릿속으로는 계속 상처에 대한 생각을 할 수 있기 때문이다.

취미의 연장으로 스스로를 위한 이벤트를 하는 것도 좋다. 그중에서 여행은 우선적으로 해볼 만하다. 여행이라고 해서 거창하게 생각하지 말고 일상의 테두리를 벗어나는 정도로 생각하자. 많이 알려진 관광지보다는 내가 사는 곳에서 떨어진 곳이면 된다.

낯선 곳에서 맞이하는 저녁의 향기를 맡고 소박한 식사를 하면 마음의 응어리가 서서히 풀릴 것이다. 좋은 음악을 골라 듣고 아름다운 시나 에세이가 실린 책을 한두 권 갖고 가서 틈틈이 읽으면 더욱 좋다. 절대로 스마트폰을 만지작거리면서 뉴스를 검색하고 사이트를 여기저기 돌아다니지 말라. 그렇게 하면 기존의 일상과 다를 바 없다. 이왕 떠났는데 조금 다르게 시간을 보내야 하지 않겠나.

반드시 낯선 곳을 권한다. 한 번도 만난 적 없고 앞으로도 만날 일 없는 낯선 사람들의 삶을 보는 것에 의미를 둔다. 그들의 생활 터전을 무심히 지나치면 어디든 같은 삶이 이어지고 있음을 확인할 수 있을 것이다. 사람들의 삶 속에는 상처와 기쁨이 있으며 나도 그 삶을 살고 있음을 확인하게 된다.

방에 앉아 만화책을 잔뜩 쌓아놓고 보는 것도 즐겁다. 오징어를 비롯해 좋아하는 간식을 잔뜩 사다 놓는 것도 잊지 말자. 이왕이면 시리즈로 된 만화책이 괜찮겠다.

상처의 기억에서 떠나기 위해 무엇을 하든 다 좋지만 중요한 게 하나 있다. 시작하기 전에 스스로에게 마법을 거는 것이다.

'이것을 다 해내면 나는 이 상처의 굴레에서 내 힘으로 성큼성큼 걸어 나갈 것이다.'

'내가 이것을 다 마치고 나면 전보다 훨씬 성숙해져서 아픔을 다스릴 줄 아는 사람으로 변해 있을 것이다.'

내가 걸어 놓은 마법이므로 꼭 통할 것이며 상처받기 전보다 근사한 사람이 될 것이다.

필요하다면 종교를 가져라

치유하려고 노력했으나 해결되지 않는 깊은 상처가 남아 있다면 앞에서 제시한 방법들이 절대적인 도움이 되지 않을 수도 있다. 그렇다고 마냥 손 놓고 지내면 상처는 곪아 터질 지경에 이른다. 그런 사람에게는 종교를 가지라고 권하고 싶다.

어떤 종교이든 종교를 가진 사람들에게는 공통점이 있다. 기도와 묵상의 시간을 통해 자신을 돌아보는 시간을 갖는다는 점이다.

천주교, 기독교, 불교 등 자신에게 맞는 종교를 택해 좋은 말씀을 듣고 치유를 받으면 된다. 그런데 종교도 하나의 공동체이므로 그 안에 절차가 있다. 처음에는 이런 절차에 너무 구애받지 말고 서서히 믿음을 키운다고 생각하며 자신의 안정화에 집중한다.

　마음 깊숙이 자리 잡은 상처로 인해 내가 쓸모없는 사람으로 느껴지거나 다른 사람들이 나를 손가락질한다고 생각될 때 종교는 훌륭한 피난처가 된다.

　절대자의 큰 사랑 앞에서 지친 영혼의 날개를 내리고 쉬므로 내면의 치유를 도모할 수 있다. 종교의 가르침은 절대적인 선이고 변하지 않는 진리이므로 일관성이 있다. 그 일관성이야말로 상처받은 사람에게 필요하다.

4장 '상대방' 그리고 상처
상처를 주지 않는 방법

이제까지 우리는 왜 상처를 받는가, 상처를 받지 않으려면 어떻게 해야 하는가, 이미 받은 상처는 어떻게 치유할 것인가를 살펴보았다.

내가 받은 상처는 다른 사람에게서 받은 것이다. 주는 사람이 없으면 상처를 받지 않는다. 이제 우리가 어떻게 해야 할지 말하지 않아도 알 것이다. 상처를 받지 않으려면 나부터 상대방에게 상처를 주지 않아야 한다.

상처를 받았을 때 당신의 기분은 어떠했는가. 당신이 겪어야 했던 힘든 시간들은 결코 잊지 못할 것이다. 나도 받았으니 너도 받으라는 생각보다 견디기 힘든 상처를 나부터라도 다른 사람에게 주지 말자는 생각을 하는 당신은 진정 아름다운 사람이다.

'한순간의 실수'를 조심하라

스마트폰, 게임 등 다양한 오락거리가 발달하면서 요즘은 혼자 있어도 절대 무료하지 않다. 그러나 혼자 보내는 시간만으로 평생을 보낼 수는 없다. 사람은 다른 사람들과의 만남을 통해 영혼의 풍성함을 누릴 수 있다. 그중에서도 익숙한 사람들과의 만남처럼 즐거운 것은 없다.

오랜 시간 정을 나눈 사람들은 앞으로도 평생을 함께 할 존재다. 긴 시간을 같이 보내며 만들어진 추억은 돌아보는 것만으로도 즐겁다. 그들과 만든 우정은 시간이나 돈으로 살 수 없다.

나를 알고 있는 사람들과 만나면 편하고 즐겁다. 나에 대해 잘 알고 있기 때문에 나를 설명할 필요도, 잘 보이기 위해 의도적으로 애쓰지 않아도 된다. 나이가 들수록 오랜 친분을 나눈 이들과의 관계는 귀한 재산이다. 그러므로 그들을 잃으면 인생에서 소중한 무언가를 잃는 것과 같다.

그들과는 웬만해서는 멀어지지 않는다. 그러나 가깝기 때문에 한순간의 실수로 잃을 수도 있다. 친한 사람끼리 말 한마디에 헤어지는 경우가 있는데, 나에 대해 잘 아니 이만큼은 당연히 이해해줄 것이라는 믿음이 깨졌기 때문이다. 가까운 사이일수록 상처를 주고받지 않도록 더욱 조심해야 한다.

내가 툭 던진 말이나 행동이 상대방에게는 큰 상처가 됐을 수도 있다. 요즘 따라 상대방이 자신을 대하는 태도나 말투가 퉁명스럽거나 평소와 다르다면 내가 기억하지 못하는 말이나 행동이 그 상대방에게 상처를 준 것일 수 있다.

어떻게 보면 나에 대해 오해를 한 것이지만 그렇다고 모른 척하면 그동안의 관계가 엉망이 된다. 심한 경우 그 상대방을 영원히 잃을 수도 있다.

한순간의 실수는 바로 만회할 정도로 크기가 작으니 상대방과의 관계에서 뭔가 이상한 점을 발견하거나 느껴지면 하루라도 빨리 오해를 푸는 과정이 필요하다.

가까운 관계일수록 더 많은 배려가 필요하다. 만일 상대방이 내게 소중한 사람이라면 어느 정도 손해는 본다고 생각하면서 꾸준하게 관심을 갖고 배려해줘야 한다.

이제 간단한 연습을 해보자. 예전에는 친밀하게 지냈으나 현재 멀어진 상태에 있는 사람의 이름을 종이에 써보도록 한다. 떠오르는 사람 중에 이 사람만은 절대 리스트에 올리고 싶지 않을 정도로 괘씸하더라도 한때 소중한 친구였다면 쓰도록 하자.

이름 옆에 멀어진 이유를 쓴다. 그때 그 일이 내 잘못이 아니었다 해도 지금 멀어진 상태라면 나도 어떤 역할을 한 것이라고 생각해야 한다. 지금은 잘잘못을 따지는 시간이 아니라 내가 잃은 사람을 기억하는 시간이다.

다 썼으면 다시 그 옆에 그 사람으로 인해서 좋았던 일이나 그 사람과 만나지 못해서 아쉬운 점을 쓴다. 그렇게 쓰고 나면 그 사람과 이렇게 된 결과에는 내 책임도 있으며 그때 그렇게 안 했다면 지금의 결과가 되지 않을 수도 있었다는 생각이 들 것이다.

그동안 관계를 맺었던 사람들과 다툼이 발생했거나 상처를 주고받았다고 바로 단절하는 것보다 지금까지 함께 했던 시간들을 생각하고 다시 원상태로 회복할 수 있는 노력을 해야 한다. 계산적인 행동이 아니라 관계를 위한 노력이라고 생각하자.

외형적인 것들은 시간이 지나면 거의 원상 복귀된다. 수해 현장이나 화재 현장을 보면 이 참혹한 것이 과연 원래대로 돌아갈 수 있을까 싶지만 몇 해가 지나면 분명히 더 좋아지거나 그전의 모습을 되찾는다. 하지만 피해 당사자들에게 상실의 기억은 회복된 외형과 상관없이 상처로 오래 남는다.

  우리를 힘들게 했거나 참을 수 없게 만들었던 상황은 대부분 외형적인 것들이다. 그런 대가를 치를 만큼 그것이 중요했던가를 생각하면 그건 아니었다는 답을 내리게 된다. 한순간의 무심함과 이기심으로 인생의 소중한 것을 놓치지 않아야 한다.

부탁을 하면 되도록 들어준다

누군가 당신에게 부탁을 했을 때 큰 손해를 보지 않는 한에서 가능한 일이면 되도록 들어주는 것이 좋다. 부탁을 한다는 의미는 당신이 할 수 있는 일이라고 상대방은 생각한 것이다. 또한 상대방은 당신과 가까운 사람이 분명하다.

직장에서 누군가가 컴퓨터 작업을 도와달라는 부탁을 했다고 하자. 아마도 도저히 할 수 없으니까 컴퓨터를 잘 다룬다고 생각한 당신에게 도움을 청했을 것이다.

당신 입장에서는 가뜩이나 바쁜데 컴퓨터 작업을 도와달라는 부탁이 귀찮을 수 있다. 잠깐이면 될 줄 알았는데 의외로 오래 걸릴 수도 있다. 그래도 당장 바쁘지 않다면 그의 부탁을 들어주자. 나중에 투자한 시간보다 훨씬 값진 무언가를 분명 얻게 된다. 만일 지금 정당한 이유 없이 도와주지 않으면 그는 당신에게 다시는 부탁하지 않을 것이다. 당신의 거절이 그에게 어떤 상처를 남길지 알 수 없다. 그가 당신을 어떻게 생각해도 상관없다는 식으로 생각하지 말고 도와줄 수 있어서 얼마나 좋은가를 생각하면 된다.

돈을 빌리러 온 사람이 있다고 하자. 그런 부탁을 받을 정도라면 당신은 분명 여유 있는 사람인 반면, 상대방은 지금 무척 곤란한 상황일 것이다. 경제적으로 곤란한 사람은 지푸라기라도 잡고 싶은 심정으로 살아가고 있다.

그는 당신에게 말하기 전에 무척 망설이고 고민하다가 어려운 발걸음을 한 것이 분명하다. 지금 여행이나 쇼핑 경비를 빌려 달라고 온 게 아니다.

그가 말한 금액이 너무 크거나 갚을 능력이 없을 것 같으면 그 중의 일부라도 빌려줘야 한다. 당신이 느끼는 '약간의 곤란함'과 '그의 어려운 처지'를 비교해보면 빌려주는 게 좋다는 생각이 들 것이다. 한동안 비싼 외식을 하지 않는 절약이 그 사람에게는 구원의 손길이 될 수 있다. 당신의 절약으로 그 사람이 받을 혜택을 생각해보라. 그 정도의 불편함을 감수하고라도 빌려줄 가치가 있다고 생각한다면 기꺼이 기분 좋게 하자.

'부탁을 들어준다'는 지금 조금이라도 할 수 있는 선에서 실천하는 것을 말한다. 부탁을 하는 사람들 대부분은 지금 당장 도움이 조금이라도 필요하기 때문이다.

가난했던 장자가 위나라 김하후에게 돈을 빌려 달라고 했다. 김하후는 "세금이 들어오면 줄 테니 기다리게"라고 했다. 그 말을 들은 장자는 다음과 같이 말했다.

"오는 길에 수레바퀴로 생긴 자국 웅덩이에 붕어가 빠져 있는 것을 봤소. 그 붕어가 지금 물을 먹지 못해서 죽을 지경이니 물 한 되만 구해 부어 달라고 하더이다. 그래서 지금 남쪽 오나라 왕을 만나러 가는 길이니 돌아오는 길에 서강의 물줄기를 끌어다 대준다고 말했소. 그랬더니 붕어는 서강의 물줄기가 오기 전에 자신은 죽을 텐데 죽은 후에 그 많은 물이 무슨 필요가 있겠냐고 말하는 것이 아니겠소."

당신이 가까운 사람의 부탁을 거절한다면 그 사람은 부끄러움을 갖고 돌아서야 한다. 괜히 부탁했다며 심하게 후회하면서 말이다. 그러나 그의 부탁을 들어준다면 평생의 친구가 되는 보험을 들어놓는 것과 같다. 그 보험이 언제 찾을지 기약이 없어도 의리를 지킨 자신에 대한 만족감은 생각보다 크다.

부탁을 들어주는 사람은 참 멋지다. 그 부탁이 어려운 것일수록 더욱 그렇다.

영화 〈카사블랑카〉는 위험한 부탁을 들어주는 멋진 남자의 이야기다. 2차 대전 중 모나코의 카사블랑카에서 카페를 운영하는 릭은 레지스탕스 남편과 함께 도망 중인 옛 애인과 재회한다. 릭을 알아본 그녀는 미국으로 갈 수 있는 비자를 부탁한다.

릭은 전쟁 중에 비자를 구하는 위험을 감수해야 하고 과거의 이루지 못한 사랑을 다른 남자와 보내야 하는 현실에 대해 고민하지만 결국 비자를 만들어 두 사람을 미국으로 보내준다. 공항에서의 마지막 명장면을 사람들이 잊지 못하는 이유는 한때 사랑했던 사람의 부탁을 거절하지 않은 릭이 멋있기 때문이다.

사람의 일은 알 수 없다. 항상 양지이거나 음지가 아니다. 당신도 누군가에게 부탁할 일이나 예전에 부탁을 들어주지 않았던 사람에게 부탁할 일이 생길 수 있다.

당신에게 하소연을 하고 싶은 사람이 찾아 왔다고 하자. 말을 조리 있게 하는 사람이 아니어서 요점을 말하기 전에 앞뒤 상황을 길게 늘어놓거나 했던 이야기를 다시 반복할 수도 있다. 그런 이야기를 들어줄 때는 인내가 필요하다.

어쩌면 도움이 되지 않고 불필요한 일에 시간을 내주고 싶지 않을지도 모른다. 또 그런 이야기를 듣고 있는 자신에 대해 화가 날 수도 있다. 그와 마주 앉아 있는 것 자체로도 자신의 위상이 깎인다고 생각할지 모른다.

그래도 이야기를 들어주는 것이 좋다. 이야기를 들어주지 않으면 그는 하소연을 해야 할 만큼 힘든 일상에다 당신에게 받은 상처까지 더하게 된다. 당신은 의도적이진 않더라도 상처를 줄 수 있다.

열심히 들어주는 것만으로도 된다. 그것은 별로 어려운 일이 아니라고 스스로에게 일러두자. 들어줄 때는 듣기만 하는 것이 좋다. 가르치려 한다거나 어떤 점에서 틀렸다는 것을 말해줄 필요까지는 없다. 만일 그런 태도로 들어준다면 들어주지 않는 것보다 못하다.

잘 들어주고 무조건 그의 편이 되어준다. 그가 당신에게 말했고 당신이 그의 말을 들어줬으면, 그는 당신이 자기편이라고 생각한다. 힘겨운 상황에 처한 사람에게는 천군만마를 얻는 것과 같다.

이제는 그가 당신에게 신뢰를 느끼고 있으니, 당신의 충고나 도움의 말에 대해 절대로 오해하거나 상처받지 않을 것이다.

한 번이라도 다른 사람의 도움을 받아본 사람은, 도움이야말로 받는 것보다 주는 것이 훨씬 쉽다는 사실을 알고 있다.

인도 방글라데시의 그라민은행은 요즘 유행하는 친서민 은행이다. 그 은행을 만든 무하마드 유누스는 유복한 가정에서 태어나 미국에서 학위를 받고 경제학 교수로 지내던 중 자기 나라 사람들의 빈곤을 고민하다가 더 이상 경제학을 가르쳐야 할 가치가 없다고 생각한다.

그는 고금리로 돈을 빌릴 수밖에 없는 극빈자들에게 자신의 돈을 무담보로 빌려주기 시작하면서 은행을 창업한다. 10년 후 그라민은행은 원금 회수율 99퍼센트의 탄탄한 은행이 되었고 대출자들의 58퍼센트가 극빈층을 벗어났다. 무하마드 유누스는 도움을 줄 수 있는 것이 훨씬 행복하다고 했다.

우리는 이타적이라는 말을 너무 대단하게 생각하는 경향이 있다. 마더 테레사, 슈바이처, 나이팅게일 같은 위인들을 보면서 너무 높이 있다고 생각한다. 그러나 그 위인들은 자신의 모든 것을 버리고 아예 그 길로 들어선 사람들이다.

지금 하고 있는 일을 모두 접지 못하니 위인들의 삶을 흉내조차 내지 못한다는 생각은 하지 말자. 현재 가까운 사람들에게 이타적일 수 있으면 그것이 현실에서 위인이 되는 방법이다.

잠시 눈을 감고 당신이 부탁을 들어주지 않았던 사람들을 떠올려 보자. 그때 부탁을 들어줬더라면 지금 어떻게 되었을 것인가를 생각해보자. 나는 그때 정말 도움을 줄 수 없는 여건이었을까? 혹시 도움을 줄 수도 있었다는 생각이 들지 않는가.

 내가 도움을 줄 수 있는 위치에 있다면 행복한 것이다. 그 행복을 유지하는 방법은 부탁을 들어주는 것이다. 기분 좋게, 어느 정도의 손해를 기꺼이 감수하면서 말이다.

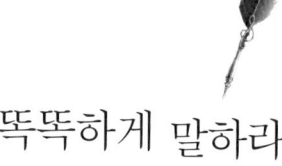

똑똑하게 말하라

어쩔 수 없이 상처를 줘야 하는 상황에서도 말만 잘해도 부정적인 영향을 어느 정도 줄일 수 있다. 말 한마디에 천 냥 빚도 갚는다는 말이 있지 않은가. 상처를 줄 수 있는 상황에서 말할 때는, 솔직하게 말하고 그다음으로 말투를 조심해야 한다.

우선, 부탁을 거절할 경우에는 솔직하게 말하는 것이 좋다. 선의의 거짓말도 여기에 해당된다.

솔직한 자세는 어떤 경우에든 최선이다. 핑계는 특성상 서툴러서 언젠가 탄로가 나게 되며 사람들 대부분이 알아차린다. 그러므로 부탁을 거절할 때는 상대방을 생각한다면서 핑계를 대거나 둘러대기보다 해주고 싶지 않다면 왜 해주고 싶지 않은지 솔직하고 분명하게 그 이유를 말해줘야 한다. 적어도 상대방이 무시당했다는 생각은 하지 않는다.

누가 부탁했는데 정말 못 해줄 사정이 있을 수 있다. 만일 약속 때문이라면 간단하게 약속이 있다고만 하지 말고 구체적으로 말해야 한다. 몇 시에 누구를 어디에서 만나며 그 약속을 취소하면 안 되는 이유까지 말한다. 개인적인 내용이라 말하기 어렵더라도 어느 정도까지는 상대방에게 알려줄 필요가 있다. 최대한 오해하지 않도록 하기 위한 방법이다.

이러한 행동은 부탁한 상대방이나 거절하는 당신 모두에게 좋다. 그러면 상대방은 부탁을 거절당해도 기분이 그리 나쁘지 않을 것이며 당신에 대한 섭섭함도 남지 않을 것이다. 무엇보다 가장 큰 소득은 상대방이 상처받지 않았다는 점이다.

다음은 이와 관련해서 실생활에서 마주칠 수 있는 경우다.

내가 속한 모임에 나와 친한 사람이 가입을 원하는 상황이다. 그런데 그를 싫어하는 구성원들이 있다면 그가 들어왔을 때 문제가 발생할 가능성이 높다. 그렇다고 그에게 사실대로 말할 수는 없다. 이럴 때는 선의의 거짓말을 해야 한다. 선의의 거짓말을 할 때는 최선을 다해서 그럴듯하게 해야 한다.

누군가가 돈을 빌려달라고 했을 때 정말 꿔줄 형편이 되지 않는다면 그저 돈이 없다고만 하면 안 된다. 무조건 없다거나 요즘 돈 들어가는 데가 많아서 힘들다는 막연한 대답은 오해를 부른다. 집에 가서 의논해야 한다고 말하는 것은 빌려주지는 않고 시간만 지연하려는 행동으로 상대방이 생각할 수 있으니 이 또한 좋은 방법은 아니다. 지금 어떤 일을 하고 있는데 거기에 돈이 다 들어간 상태라든가, 집안의 누가 돈이 필요해서 있는 돈을 다 보태줬다는 식으로 좀 더 자세하게 설명해주는 게 좋다.

상대방에게 말해서는 안 되는 종류의 대답도 있다. 생활비가 없어서 돈을 빌리러 온 사람에게 곧 차를 바꿔야 한다거나 여행 계획 같은 것을 이유로 들면 비록 솔직하다고 해도 그건 도리가 아니다. 차라리 "돈이 없다"고 간단하게 말하는 것보다 못하다. 선의의 거짓말을 하는 것이 좋다. 물론 거짓말이 좋지 않지만 상처를 주는 것보다는 낫다. 솔직하고 자세한 거절의 이유를 말하면 상대방은 기분 나쁘지 않게 마음을 접을 수 있을 것이다.

친구들과 함께 영화를 보려고 하는데 조금 덜 친한 친구가 함께 가자고 한다. 그런데 그 친구를 끼워주는 것에 다른 친구들이 거부감을 보이고 있다. 어떻게 말해야 할까?

이런 경우 같이 가지 않는다고 해서 도의적으로 문제될 것은 없다. 미리 가기로 약속하지 않았기 때문이다. 그러나 거절당한 친구는 상처를 받을 수 있다. 거절한 사람은 이미 약속이 정해졌다는 명분이 있어도 상처를 준 것이 된다.

며칠 전부터 계획을 미리 세웠으며 돈도 이미 걷었고 인원에 맞게 일정이 되어 있어서 이번에는 힘들다고 말하는 것이 가장 좋다. 그래도 함께 가지 못해 마음이 편치 않다고 하거나 미리 알았더라면 처음부터 함께 했을 텐데 그렇게 하지 못해 아쉽다고 말하는 센스가 필요하다. 그 친구는 약간 섭섭할 수는 있겠지만 적어도 기분이 나쁘거나 상처받지는 않을 것이다.

보통 핑계부터 대려고 하는데 금방 들통 날 가능성이 높다. 부탁을 하는 친구는 분위기를 예민하게 주시하고 있는 상태이니 조금이라도 말이 허술하면 '지금 핑계를 대고 있구나'라고 생각한다.

이번에는 친한 친구가 지방에 갈 일이 있다며 차를 빌려달라고 한다. 사실 차를 잘 빌려주는 사람도 있지만 대부분 빌려주지 않는다. 그런데 사람은 자기중심적이라 부탁하는 사람 입장이 되면 빌려줄 수 있다고 생각하게 된다. 그래서 거절하는 것을 절대 이해하지 못한다.

이러한 상황에서 "차는 아무도 빌려주지 않는다"고 말하면 분명한 의사 전달이지만 서로의 인간관계에서 보면 부정적인 답변이다. 가장 간단하면서 상대방의 섭섭함을 줄이는 대답은 "오늘 나도 차를 쓸 일이 있다"는 것이다. '쓸 일'에 대해서도 일상적인 일정 말고 좀 먼 곳을 가야 한다고 지어서라도 말하면 상대방은 거절을 당하더라도 덜 섭섭하게 느낀다.

만일 솔직하게 말했는데 상대방이 상처를 받았다면 당신의 잘못은 아니다. 그런 상대방은 자신의 부탁을 들어주는 사람 외에는 어떤 이유든 다 나쁜 사람으로 생각한다. 그러니 이것까지 당신이 염려할 필요는 없다.

솔직하게 말하는 것 다음으로 말투를 주의해야 한다. 바로 기분 나쁘게 들리는 말투를 삼가야 한다는 말이다.

의외로 대화를 하다가 상처를 주고받는 경우가 많다. 특별한 사건이나 이유가 아닌 경우에는 대개 말의 내용보다는 말투로 인해 문제가 시작된다.

대화의 기본은 상대방에 대한 배려가 깔려 있어야 한다. 내 위주로 말한다면 대화의 기본이 되어 있지 않은 것이다. 즉, 듣는 사람을 배려하지 않는 말투는 상처를 주기 쉽다는 말이다.

'그때 네가 그렇게 해서 기분이 상했다'보다 '그때 네가 그렇게 하니까 나를 좋아하지 않는 것은 아닌가 싶었다'라고 말하는 게 훨씬 정감 있다.

정감 있는 말투로 말하면 좋지만 그게 안 된다면 적어도 상대방으로 하여금 화를 나게 하는 말투는 쓰지 않아야 한다. 그런 말투는 상처의 직접적인 원인이 된다. 직접적으로 몰아세우지는 않지만 상대방이 자신을 격하시키고 있음을 느끼게 하기 때문이다. 그리고 왜 그렇게 말하는지를 따질 수 없어서 한쪽이 일방적으로 기분이 상한다. 이런 말투는 대개 부메랑처럼 다시 돌아온다. 더 날카로운 말이 되어서.

참고로 직선적인 말투는 기분을 나쁘게 하는 말투와 다르다. '직선적'은 꾸미거나 돌리지 않고 바로 말하는 표현인데, 정감은 없지만 오해를 덜 불러 상대방이 상처를 받지 않을 수도 있다.

상대방으로 하여금 화나게 하거나 기분을 나쁘게 하는 말투를 예로 들어보겠다.

나는 웬만해서는 화를 내지 않는 사람이다. 이 말은 화를 잘 내는 사람이 주로 쓰는데 '나는 화를 잘 내니 조심하라'는 협박형 말투로 들린다. 듣는 사람이 이 말을 듣고 위축하지는 않겠지만 기분은 상한다. 이외에 나는 이러이러한 사람이라는 것을 내세우는 말투들도 다 비슷하다.

요점만 말해줘. '당신의 다른 말들은 더 이상 듣고 싶지 않다'는 의미로 상대방은 생각할 수 있다. 사실 요점을 집어서 말하지 않고 앞뒤 설명이 장황한 사람이 의외로 많다. 그럴 때 그 말을 다 듣는 것은 굉장한 인내가 필요하지만 사람마다 말하는 특성이 다르니 어쩔 수 없는 일이다. 참고 듣는 수밖에 없지만 그렇다고 요점만 말해 달라는 것은 상대방의 기분을 전혀 생각하지 않는 행동이다. 재치 있게 슬쩍 화제를 바꾸거나 이야기의 진도가 빨라지도록 티 나지 않게 유도하는 것이 좋다. 맞장구를 치며 "그래서 어떻게 되었나?"라고 물으면서 다음 이야기로 넘어가게 하는 요령도 필요하다.

이외에도 '나와는 상관없는 일이야', '나는 몰랐으니까 책임 없어' 식의 말들은 지금 당신(상대방)의 상황에 개입할 의사가 전혀 없다는 의미로 들린다. 확대해서 보면 그 일로 내게 피해가 오는 것은 절대 용납하지 않는다는 강한 거부의 메시지로 상대방이 받아들일 수 있다.

듣는 사람이 말하는 사람에게 애정이 별로 없다면 이런 말투는 그리 큰 문제가 되지 않겠지만 친한 사이라면 이야기가 달라진다. 만일 그 사람의 상태가 좋지 않다면 이런 말투는 바로 상처를 준다. 멀쩡한 살을 만질 때는 아무렇지 않지만 멍이 시퍼렇게 든 살은 슬쩍 만지기만 해도 통증이 있는 것과 마찬가지다.

평소 우리들은 자신의 말투에 관심을 별로 갖지 않는다. 자신의 말투는 너무 익숙하기 때문이다. 그러나 지금까지 설명한 말투를 자주 내뱉는다면 입으로 폭탄을 발사하는 것이라고 생각하길 바란다.

상처받은 사람에게 옳은 말이나 좋은 말이 항상 좋은 것은 아님을 명심하자. 옳은 말, 좋은 말도 항상 하면 상대방이 거부감을 느낄 수도 있다.

'옳고 그르다'에 대한 정의는 분명히 있다. 우리가 옳지 않다고 생각하는 것은 대체적으로 옳지 않다. 게으름 피우면 안 된다, 최선을 다해야 한다, 약속을 지켜야 한다, 거짓말해서는 안 된다, 남의 험담을 하지 마라 등. 다 옳은 말이라 절대 아니라고 할 수 없고 어느 부분을 수정할 수도 없다.

그러나 언제나 옳은 말만 하는 사람을 대하는 것은 쉽지 않다. 옳은 것을 모르는 사람은 없다. 알고 있지만 실천을 못할 뿐이며 실천하지 않은 것에 대해 어느 정도의 반성을 각자 하고 있다.

실연의 아픔으로 절망에 빠진 사람에게 네가 왜 그렇게 되었는가를 일목요연하게 일러주는 것은 과연 어떨까? 연애하는 동안 성실하지 못했다, 너는 매력을 한꺼번에 다 보여주더라, 연애는 밀고 당겨야 하는데 그렇게 하지 못했다, 지금이 연애에 있어 무엇이 문제인지 생각할 좋은 기회이다 등의 말들은 설령 사실이라도 듣는 사람 입장에서는 잔인할 뿐이다. 실연의 상처보다 더 깊은 상처가 된다. 그 사람에게 당장 필요한 것은 잊을 시간이지 훈계가 아니다.

왕따를 당하고 있는 사람에게 네가 왜 왕따를 당하고 있는가를 조목조목 알려주는 것은 또 어떻겠는가. 네 성격에 문제가 있다, 당하지만 말고 원인을 찾아봐라 등의 말들은 이미 상처투성이인 사람에게는 확인사살이나 마찬가지다. 지금 왕따를 당한 사람에게는 옆에 있어줄 친구가 필요할 뿐이다.

사업이 망한 사람에게 망할 수밖에 없었던 이유를 논리적으로 설명해주는 것은 어떻겠는가. 망하기 전에 철저히 준비를 했어야지, 그러니까 있을 때 낭비하는 게 아니었어, 고생은 한번쯤 해보는 게 좋아 등의 말보다 지금 그 사람에게는 돈이 필요하다.

죽을병에 걸린 가족이 있는 사람에게 건강은 건강할 때 지켰어야 한다는 식의 말은 또 어떻겠는가. 종교가 있는 사람이니 기도 열심히 하라는 말은 공허하다. 이미 할 수 있는 것은 다 해봤을 그에게는 따뜻하게 안아주는 게 제일 좋다.

상처가 있는 사람은 일단 살리고 봐야 한다. 슬픔에 처한 사람, 절망에 처한 사람에게는 따뜻한 위로가 우선 필요하다. 이미 어려운 처지에 놓였는데 굳이 다시 상기시켜줄 필요는 없다. 상대방은 이미 어려운 상황에 대해 진저리가 날 정도인데 그런 사람에게 옳은 말이랍시고 늘어놓는다면 똑똑한 것이 아니라 비정하고 미련한 사람이다.

'옳은 말'과 연결되는 '좋게만 말하는 것'에 대해 생각해보자. "괜찮아요", "근사해요", "맞아요", "옳아요" 등의 말들은 실제로 그렇기 때문에 하는 말일 수도 있고 그저 습관적으로 하는 말일 수도 있다.

나에 대해 무조건 좋게 말해주는 사람이 있다고 하자. 처음에는 그 말로 인해 기운이 나겠지만 얼마 지나지 않아 공허한 말임을 알게 된다. 배우자와 이혼 직전에 있는 사람에게 괜찮아, 다 잘 될 거야, 라고 위로하는 것은 어떻겠는가. 현재 그는 절대 괜찮지 않은데 말이다.

자녀가 원하지 않은 학교에 진학해 낙담한 사람에게 그 학교도 좋다고 말한다면 어떻게 들리겠는가. 실수로 일을 그르친 사람에게 그래도 꽤 잘했다고 말하는 것은 또 어떤가.

좋은 의도로 한 말이 항상 좋게 받아들여지는 것은 아니다. 막다른 지경에 이른 사람에겐 그 처지가 그나마 최선임을 확인하는 말로 들리기도 한다. 또한 기분이 좋지 않거나 나쁜 상황에 처한 사람에게는 좋은 말을 하는 사람이 자신과 거리를 두려는 것으로 오해할 수 있다. 좋은 말을 해주는 사람에 대해서는 뭐라 할 수 없으므로 듣는 사람만 복장이 터진다.

악담도 상처를 주지만 지나친 추켜세움과 터무니없는 공감도 심정을 상하게 한다. 상황을 잘 알지 못하거나 그 사람에게 필요한 것이 무엇인지 모른다면 섣불리 말하는 것보다 침묵이 낫다. 어깨를 감싸주거나 따뜻함이 담긴 눈길을 보내는 것이 훨씬 좋다. 나중에 좋은 말을 해줄 기회는 얼마든지 있다.

상처받은 사람에게 어떤 말을 하게 될 경우 말하기 전에 어떻게 말해야 할지 미리 생각하는 자세가 필요하며 말을 할 때에도 주변 환경을 살펴가면서 조심스럽게 해야 한다. 특히 상황이 좋지 않은 사람에게 말할 때는 더욱 세심한 배려가 필요하다. 말 한마디에 상처가 더 커질 수 있기 때문이다.

지적에 앞서
상대방의 훌륭한 점을 먼저 찾아라

다른 사람이 실수했을 때 당신은 어떻게 했는가? 화를 내거나 꾸짖기 전에 우선 그를 위로해줬는가? 왜 그랬는지 이유를 물어봤는가? 상대방에게 화를 내거나 꾸짖기 전에 내가 실수했을 때 다른 사람이 어떻게 했는지를 떠올려 보자.

어린 시절 당신이 꽃병을 깼을 때, 성적이 떨어졌을 때, 친구와 싸웠을 때, 잘못을 해서 학교에 부모님이 불려 왔을 때, 당신은 왜 그랬는지 이유를 말할 기회를 얻었는가? 그리고 야단에 앞서 따뜻한 위로를 받았는가?

중요한 일이 생겨 친구와의 약속을 지키지 못했을 때, 대학에 떨어졌을 때, 직장에서 맡은 일을 끝내지 못했을 때, 사업하다

부도를 냈을 때, 보증을 섰다가 재산을 잃었을 때, 당신은 위로보다는 쏟아지는 질책만 받지는 않았는가.

너는 왜 그러니, 그럴 줄 알았어, 대체 언제 제대로 할 거니 등의 질책을 받은 후 당신은 자신이 형편없는 사람이라는 자괴감에 빠지지는 않았는가.

당신이 위로를 받은 적이 있다면 다른 사람에게도 해줘야 하며 받지 못한 위로가 있다면 더 많이 해줘야 한다. 상대방의 잘못에 아무런 변명의 여지가 없다는 판단이 확실해도 말이다. 그러면 이제 그 방법을 보도록 한다.

따뜻하게 위로하는 방법은 그가 실수를 했어도 그에겐 다른 좋은 점이 있음을 말해주는 것이다. 괜찮아, 다 잘 될 거야, 마음 굳게 먹어 등의 의례적인 격려의 말은 질책보다는 좋지만 조금은 상투적이다. 그보다는 그의 훌륭한 점을 찾아 말해주는 것이 좋다.

만일 당신이 보증을 서주었던 친구로 인해 채무를 떠안게 되었다고 하자. 당신은 화가 많이 날 것이고 배신감도 느낄 수 있다. 그러나 그를 찾아가서 뭘 어떻게 할 수 있는가. 그는 당신보다 더 심한 좌절감에 빠져 있을 것이며 살짝만 밀어도 낭떠러지로 떨어질 상황에 처할 것이다.

당신은 그에게 화를 내고 형편없는 사람으로 몰아도 된다. 당신에게는 그럴 자격이 충분히 있다. 그러나 그렇게 해서 해결되는 것이 없다는 걸 당신도 알고 있다. 잠깐의 화풀이를 할 수 있겠지만 결과적으로 당신은 돈도 잃고 사람도 잃는다.

지금 심경이 복잡하고 힘들겠지만 그를 위로해줘야 한다. 그가 지금 비록 어려운 처지에 놓였지만 돈만 잃은 것일 뿐 여전히 지니고 있는 좋은 점에 대해 말해주는 것이 좋다. 이렇게 좌절하기엔 그가 갖고 있는 것이 아직 많으며 아까운 것임을 알려줘야 한다. 아마 그는 당신의 말을 통해 자신이 다시 시작하는데 이용할 수 있는 자신의 좋은 점을 확인하고 절대 놓치지 않을 수도 있다. 또한 그는 마음까지 나눠준 당신을 앞으로 신뢰할 것이다. 돈도 들지 않는 따뜻한 마음을 주지 못할 이유가 없다.

당신에게 신세를 많이 진 후배가 당신을 배신하고 다른 라인으로 갔다고 해보자. 현실적으로 회사에서든 모임에서든 이런 일은 많다.

당신은 그 후배가 밉고 그를 다시는 이 바닥에 발붙이게 하고 싶지 않을 것이다. 또 당신이 당한 만큼 갚아주고 싶을 것이다. 그러나 우선 감정을 가라앉히고 생각해보면 그가 당신을 떠난 이유는 분명히 있다. 그 이유에는 당신의 책임도 있을 것이다.

그에게 이유를 묻고 싶지 않다면 묻지 않아도 된다. 다만 당신이 그동안 후배로 인해 좋았던 것들에 대해 말해줘라. 또 그가 당신에게 어떻게 소중했던가를 구체적으로 말해주면 좋다. 그렇게 하면 당신이 그를 배신자로 여겨 미워할 때 얻을 수 없는 것들을 얻을 가능성이 높다. 당신에 대한 미안함, 자신의 경솔했던 행동, 지금의 균열에 대한 책임감 등으로 후배의 마음은 그전보다 더 가까이 당신에게 머물지도 모른다.

일을 제대로 못하는 부하직원을 아예 내보내지 않을 거라면 야단치는 것은 능률적이지 못하다. 사람들 대부분은 나이가 어느 정도 되면 자신의 잘못은 알고 있다. 다만 드러내지 않을 뿐이다. 그러므로 시적보다는 그가 능력을 발휘했던 지난 일을 이야기해주면서 지금의 실수는 잠깐일 뿐이니 얼른 잊고 두 번 다시 실수하지 말자고 하는 게 낫다. 아마 앞으로 당신과 함께 일하면서 눈부신 성과를 낼 것이다.

누구에게나 그동안 주변 사람들에게 잘못을 지적했거나 실수에 대해 질책한 적이 분명 있다. 지금 종이에다 기억을 떠올려보면서 이름을 써본다. 그리고 그때는 미처 말하지 못했지만 당신이 알고 있는 그 사람들의 훌륭한 점을 적는다. 그동안 모르고 있었던 그 사람들 각자의 장점이 생각날 것이며 그때 말했으면 하는 아쉬움이 들 것이다.

　이미 반성하고 있는 사람에게 따끔하게 지적을 해봤자 반감만 살 뿐이다. 상대방에게 좋은 점을 말해주면서 주의를 줄 수 있다면 이보다 더 좋은 훈계의 방법이 어디 있겠는가.

상처준 것을 알았으면 진심으로 사과한다

'사과'에 어려움을 느끼는 사람이 의외로 많다. 사과를 하면 지는 것이리고 생각하기 때문이다. 그래서 적시에 사과하는 사람을 보면 대단하다는 생각이 든다. 사과는 루저의 언어가 아니라 리더의 언어이다.

오바마 미국 대통령이 쿨하게 사과한 일화가 있다. 민주당 후보시절 한 자동차 생산공장을 방문했다가 질문하는 여기자를 "스위티"라고 불렀다. '스위티'는 친구나 연인에게 쓰는 호칭이니, 처음 보는 여기자에게 그런 말을 쓴 것은 성희롱 논란을 불러일으킬 수 있는 여지가 있다. 오바마 대통령은 여기자에게 즉시 전화를 걸었고 받지 않자 음성메시지로 정중하게 사과했다.

돈이 되는 사과도 있다. 미국의 최고 의료기관 중 하나인 미시간 대학병원에서 2001년 의료사고가 발생했다. 병원 측은 외면이나 소송보다 의료진의 적극적인 사과를 택했다. 그 후 소송 건수가 4년 만에 절반 이하로 줄었고 소송비용도 3분의 1로 줄었다. 줄어든 소송비용은 병원의 흑자에 큰 도움이 되었으며 무엇보다도 병원은 최고의 신뢰를 얻었다.

시간이 지나고 돌아보면 그 당시에는 몰랐던 잘못이 보인다. 이미 지난 일이고 그 일에 누군가 피해를 보지 않았다면 스스로의 반성만으로 족하지만 그렇지 않았다면 잘못을 고백하고 사과하는 것이 당연히 필요한 수순이다. 그런 면에서 알베르 카뮈의 사과는 훌륭한 사건이었다.

알베르 카뮈와 프랑수아 모리아크는 프랑스 국민에게 문화적 자긍심의 대상이다. 두 작가는 레지스탕스였다. 2차 대전이 끝나고 나치 부역자들에 대한 청산 작업에서 두 사람의 생각이 엇갈렸다. 카뮈는 진실과 정의에 입각해서 처벌을 강력히 주장했고 모리아크는 전쟁이라는 불가피한 상황에서 저질러진 행동이므로 관용을 호소했다. 그러나 전쟁 중 나치의 만행에 치를 떨었던 국민들은 모리아크를 비난했다.

청산작업이 시작되고 1만 명이 사형을 받았다. 그 과정에서 음해와 무고가 남발하고 억울한 희생자도 속출했다. 생계를 위해 어쩔 수 없이 독일군과 성관계를 가진 매춘여성들은 삭발당한 채 대낮에 시내에서 이리저리 끌려 다녔다. 정의라는 이름의 집단적인 광기가 파리를 뒤덮었다.

부조리와 저항의 작가 카뮈는 부역자들에게서 불의라는 부조리만 보았지 이렇게 참담하게 행해질 집단의 부조리는 미처 보지 못했다고 생각했다. 집단적 카타르시스의 광기가 극에 달하자 카뮈는 모리아크가 옳고 자신이 틀렸음을 고백하면서 사과했다. 그리고 세기의 지성 카뮈의 고뇌 어린 사과는 프랑스 사람들을 움직였다.

항상 잘하는 사람도 없고 항상 맞는 사람은 더욱이 없다. 언제나 내가 맞는다고 생각하는 사람은 보는 것만으로도 기분이 나쁘다. 그의 교만이 누군가를 향해 있을 때 누군가는 상처를 꼭 받게 되어 있다. 우리들은 개인적으로 내가 맞는다는 생각은 조금씩 한다. 싸움의 변을 들어보면 잘못한 사람은 항상 아무도 없지 않은가.

사과를 하면 자신의 처지가 볼품없어질 것 같은 두려움을 갖고 있다. 그러나 나로 인해 상처받은 사람이 겪는 어려움에 비하면 아무것도 아니다.

의도하지 않았으나 내가 상처를 준 사람이 있다면 꼭 사과를 하고 상대방의 앙금을 풀어줘야 한다. 상처는 자신이 부족해서 받는 것일 수 있지만 내가 준 상처에 대해서는 책임을 져야 한다. 누군가에게 상처를 줘서 마음이 편치 않다면 사과하는 것이 제일 좋다. 사과라는 말이 거슬린다면 '상처받은 사람의 마음을 풀어주는 것'이라고 생각하면 된다.

피아노를 전공한 H는 성가대 반주자다. 실력도 있고 감각도 뛰어난 H는 자타가 공인하는 유능한 반주자다. 그런 H가 임신을 하자 만약을 위해 반주자를 한 명 더 구하기로 했다.
지원자가 두 명이었는데 한 명은 성당의 평일 미사 반주를 하는 사람으로 반주 경력은 꽤 되지만 피아노를 전공하지 않았다. 다른 한 명은 반주 경험이 1년 정도지만 전공자였다. 결정권자는 아니지만 자신의 의견을 구하기에 H는 다음과 같이 말했다.
"그래도 전공자가 낫지 않을까요?"
결국 피아노를 전공한 사람으로 결정되었다. 그러다 몇 달이 지난 후 H는 뽑히지 않았던 사람이 그 일로 상처받았다는 이야기를 들었다. 비전공자여서 무시당했다는 것이 상처의 이유였으며 그로 인해 병까지 앓았다고 한다. 더 놀라운 것은 H 의 탓을 하고 있다는 것이었다.

H는 어이가 없었다. 어떻게 전해 들었기에 그런 오해를 한단 말인가. 처음에는 자신과 상관없는 일이라고 생각했지만 누군가 자신을 원망하고 있다는 것이 계속 마음에 걸렸다.

그러다가 우연히 그 사람을 먼발치에서 보게 되었는데 제법 먼 거리였지만 자신을 보는 눈빛에 원망이 서려 있는 것을 느낄 수 있었다. 그 일로 상처가 꽤 컸음을 알 것 같았다.

H는 그 사람을 만나기로 결심했다. 본래 의도는 그게 아니었지만 뽑히지 않은 데는 자신의 책임도 있다는 생각에서였다. 무엇보다 진공자가 낫다는 말을 했으니 무관할 수는 없다고 생각했다. 떨어진 사람을 만나 결정에 영향을 끼친 점에 대해 미안하다고 사과했다.

생각해보면 H는 사실과 관련해서 말했을 뿐이니 아무런 잘못이 없다고 할 수 있다. 오히려 상처를 받은 사람은 비전공자라는 열등감이 항상 있었던 것이다. H는 사과하지 않아도 이 일로 비난받지 않는다. 하지만 H는 그 사람과의 대화를 선택했고 조금이라도 그 상처의 무게를 덜어주기 위해 노력했다. 그 뒤로도 떨어진 사람이 H를 원망한다면 그건 그 사람의 성격이 이상하다고밖에 할 수 없다.

상처를 주고받는 데는 천 가지도 넘는 이유가 있을 것이다. 그런데도 당신으로 인해 상처받은 사람에게 용서를 구하는 것은 대단히 훌륭한 행동이다. 그런 행동은 상처 입은 사람에게 극복할 수 있는 여지를 주는 방법 중 가장 빠르고 효과적이다.

만일 당신이 진심에서 우러나 사과하고 싶지 않거나 사과할 만한 일이 아니라고 생각했다면 "그 일로 인해 그렇게 상처받았다니 내 마음이 편치 않다. 빨리 극복했으면 좋겠다" 정도의 말이나 마음을 보여주면 충분하다.

당신이 용서를 청하면 그가 옳고 당신이 잘못했다는 것처럼 보여줘서 불편할 수도 있다. 그러나 당신이 용서를 청하는 부분은 일어난 사실 전체에 대해서가 아니다.

홧김에 하고 싶은 말을 다 퍼부었다면 속은 시원하겠지만 시간이 지나면서 느껴지는 불편함은 이루 말할 수 없다. 그러나 이미 해버린 말이 없어지지는 않는다. 만일 내가 생각해도 심한 말이었다면 들은 사람은 어떠했겠는가. 말도 못할 상처를 받았음은 분명하다. 이런 경우 당연히 사과해야 한다. 그것도 빠른 시간 안에 진심으로 해야 한다. 사과하지 않고 불편해서 슬쩍 지나가면 언젠가는 같거나 비슷한 일로 두 배 이상의 상처받을 날이 온다는 사실을 잊지 말자.

일 못하는 부하직원을 심하게 야단쳤다고 하자. 이후 적당한 시기에 그때 너무 심했고 미안하게 생각한다는 말을 한다고 부하직원이 당신을 절대 우습게 보지 않는다. 오히려 당신이 괜찮은 상사라고 생각한다.

사과하는 행위는 오만하게 버티는 것보다 천 배는 멋지다. 1970년 12월 7일은 역사적인 사과가 이뤄진 날이다. 독일의 빌리 브란트 당시 총리가 폴란드를 방문했다. 전쟁 후 독일 정치인이 폴란드를 방문한 것은 처음이었다. 바르샤바의 전쟁 희생자 비석 앞에 도착한 빌리 브란트 총리는 성명서를 낭독할 것으로 알았던 사람들의 예상을 깨고 바닥에 무릎을 꿇었다. 그날은 비가 와서 땅이 젖어 있었다. 그 장면은 역사적 사진으로 남아있다. 당시 폴란드 사람들은 울면서 이제 독일과 친구가 될 수 있을 것 같다는 말을 했다.

최근 영국은 케냐 사람들에게 보상을 해주기로 결정했다. 1950년대 영국 식민지였던 케냐에서는 여러 부족이 독립투쟁을 벌였다. 특히 키쿠유족을 중심으로 한 비밀 결사단체인 마우마우는 1963년 케냐가 독립할 때까지 영국에 저항했다. 영국은 그들을 강제수용소에 가두고 가혹행위를 했다. 이때 굶주림과 질병, 고문으로 숨진 사람은 3만 명이 넘었다. 영국은 그때의 피해자들에게 엄청난 보상금을 지급하겠다고 했다.

사과는 이렇게 이뤄져야 한다. 변명, 시간 끌기, 회피하기는 못난 행동이다. 사과하는 행위는 모든 상처를 아물게 하며 거기에 감동까지 더해준다.

우리들 삶이 물리적으로 바뀌는 기적은 잘 일어나지 않는다. 다만 내가 준 상처로 상대방이 괴로운 시간을 보내고 있다면 미안한 마음을 표현하거나 전달하는 것으로도 기적은 조금씩 일어날 수 있다. 아무런 제스처를 취하지 않는 동안 그의 상처가 깊어지고 결국 나쁜 결과가 온다면 그거야말로 재앙이 아니겠는가.

상대방이 약자라면 두 배로 조심하자

약자란 누구를 말하며 어떤 성격을 갖고 있을까?

황석영의 소설 『오래된 정원』의 오현우는 군부독재시절에 군부독재를 반대하는 지하 운동을 하다 18년간 투옥 후 출감한다. 그가 알던 것들은 대부분 없어지거나 변했다. 그는 출감하던 날 휴게실 화장실에서 본 수도꼭지조차 낯설게 느낀다. 이제 그에게는 아무것도 없다. 그리고 뭉텅 잘려나간 시간은 정지된 상태로 닫혀있다. 다만 18년 전의 추억만이 있을 뿐이다.

영화 〈라스베가스를 떠나며〉의 벤은 실직한 후 가족과 헤어진데다 알코올 중독자다. 그는 라스베가스에서 술에 만취되어 한 달 정도 취해 있으면 죽을 거라고 생각한다. 벤의 마음속에는 아무것도 담겨 있지 않다. 마치 텅 빈 몸을 그저 살갗이 감싸고 있다고 생각되는 인물이다.

이 두 인물에게는 아무런 적대감을 가질 수 없다. 이들을 상대로 굳이 싸움을 걸거나 미움을 가질 필요가 없기 때문이다.

약자는 이 두 인물처럼 잃은 것이 많아 마음속에 상실감만 가득한 사람을 말한다고 할 수 있다. 또한 그들(약자)에게서 무언가를 가져오거나 뺏으려는 마음은 인간이 할 짓이 못 된다는 생각까지 하게 된다.

사실 약자에게는 뺏을 것도, 가져올 것도 없다. 그런데 세상 사람들은 강자에게 약하고 약자에게 강하다. 대체 그런 것을 어디서 배웠는지 모르겠지만 그러면 안 되는 것을 알면서도 본능처럼 그렇게 한다. 이럴 경우 강자는 더욱 기고만장해지고 약자는 상처만 받는다. 비겁한 처세술이라는 생각까지 든다.

물론 강자도 상처를 받는다. 하지만 가진 것이 많아 약자보다 치유가 빠르다. 몸이 약한 사람이 병을 더 잘 얻는 것처럼 상황이 좋지 않을 때, 약자일 때 상처는 쉽게 다가온다.

타고난 약자들도 있다. 성격적인 부분이라 할 수 있는데 같은 일을 겪어도 받아들이는 것이 다르다. 심리적으로 강건하지 못한 사람들은 모든 게 어렵고 예민하다. 모든 사람이 다 같다고 생각하면 안 되는 이유이기도 하다.

똑같은 일을 겪어도 상처를 받는 사람이 있는가 하면 아무렇지도 않은 사람이 있다. 상처를 쉽게 받는 사람을 강하게 만드는 방법은 없다. 그건 개인의 문제다. 그런 사람도 약자라고 봐야 한다. 평소 상처를 잘 받는 사람이면, 받지 않도록 배려해주는 것이 좋다.

현재 주어진 상황으로 인해 약자인 사람도 있다. 직장에서 일을 잘 못하는 사람도, 경제적으로 어려운 사람도, 아픈 사람도 약자다. 가족들의 일이 잘 안 풀려서 고민에 싸여 있는 사람도, 실직 중인 사람도 약자다. 약자인 사람이 당신과 친하지 않을 때는 별 문제기 없지만 당신과 진한 사이라면 두 배로 주의해야 할 사람이다. 주변에 그런 사람이 있다면 대할 때는 특별한 주의가 필요하다. 특별 대접을 하라는 것이 아니라 그런 상황에서 벗어날 때까지 배려해주라는 말이다.

대개의 경우 시간이 흐르면 모든 일은 지나간다. 당신이 배려해준 것을 상대방이 알아차리지 못해도 상관없다. 당신과 잘 아는 사람이 지금 처한 상황보다 더 나쁜 경험을 하지 않게 하는 것이 중요하다.

당신이 잠시 해주지 못한 배려 때문에 당신에게 오는 원망의 화살은 피해야 한다. 사람들 대부분은 잘해준 것 100가지보다 못해준 것 1가지를 기억한다. 약자인 경우는 더 심할 수 있다.

"그때 당신이 나에게 준 상처 때문에 빨리 이겨낼 수 있었어요. 당신은 나를 강하게 해주었어요. 그래서 고마워요."

혹시 이런 말을 기대하는가. 절대로 그럴 리 없다.

상처받으면 그대로 좌절하는 사람과 오기가 발동해서 힘을 내는 사람이 있다. 대부분 상처준 사람에게 반격을 준비한다. 그 반격의 타깃이 되는 것은 바람직하지 않다.

일반적 기준에서 나보다 못한 사람을 모두 약자로 볼 필요는 없다. 누군가 곤란한 상황에 처해 있고 내가 다행히 그 상황이 아니라면 그 사람이 약자인 것이다.

상처와 관련된 강의를 하다가 약자가 된 적이 있는 사람들을 그룹으로 만들어 대화를 나누게 해봤다. 모두 비슷한 경험을 갖고 있었다. 힘든 시절에 가장 많은 상처를 받았는데 상처를 준 사람은 다 가까운 사람이었다고 했다. 또한 그동안 받았던 상처 중에서도 힘든 시기에 받았던 상처가 가장 잊을 수 없고 꼭 되갚아 주고 싶은 충동을 계속 느낀다고 했다.

상처 입은 짐승은 발톱을 곤두세우고 누군가 다가오기만 하면 할퀴려고 준비한다. 그 발톱을 조심하는 것은 단지 당신이 다칠 것을 우려해서만은 아니다. 할퀴는 사람도, 당하는 사람도 없어야 하기 때문이다. 그것은 모두를 위해 매우 중요하다.

5장 '우리' 그리고 상처 — 모임에서 상처를 주고받지 않기

모임은 이제 현대사회의 한 생활방식이 되었다. 동창회, 반창회, 동호회 등 우리가 가입한 모임은 참 많다. 언젠가 프로그램 참가자를 대상으로 조사를 해보니 적어도 3~4개, 많으면 10개 이상 모임에 소속되어 있었다.

'모임'은 너와 내가 아니라 우리가 모여 있는 공동체다. 모임 대신 공동체라고 할 수도 있지만, 공동체라는 단어가 주는 뉘앙스가 다소 운명적으로 느껴져 이번 장에서는 좀 더 단순한 느낌의 '모임'이라는 단어를 쓰도록 하겠다.

우리는 지금까지도 그랬고 앞으로도 '모임'과 계속 관계를 맺어야 한다. 그 모임에서 조금만 부딪친다고 바로 나가거나 구성원들과 다툼을 벌인다면 사회생활을 하기 힘들어진다.

이번 장에서는 '나와 너'의 관계보다 상처를 더 많이 주고받을 수밖에 없는 특성을 가진 '모임'에 대해 이해하고 이전보다 상처를 덜 주고받는 방법을 공유하고자 한다.

왜 모임에 소속되려 하는가?

모임은 필요하다

조지 베일런트의 저서 『행복의 조건』에는 행복하기 위해 필요한 7가지가 나온다. 인간관계, 평생교육, 안정적 결혼생활, 비(非)흡연, 음주 조절, 규칙적 운동, 적당한 체중이 그것이다. 그 중에서 '인간관계'는 가장 비중이 있다고 설명한다.

모임은 인간관계의 실험장이나 마찬가지다. 혼자 살아가는 생활은 자칫 공허하다. 우리는 사람들과의 만남을 통해 사랑과 미움을 체험할 수 있다. 사랑과 미움은 관계 속에서 나타나는 가장 뚜렷한 감정이다. 체험해보지 않은 사랑과 미움은 그저 이론에 불과하다. 인간관계에서는 이론만으로 절대 얻을 수 없는 것들이 있다.

모임이 갖고 있는 가장 큰 카리스마는 '연대의식'이다. 연대의식은 개인적인 성취감이나 기쁨과는 다른 특별한 매력이 있다. 혼자서는 할 수 없는 일도 집단을 이루면 가능해지고 아울러 힘이 생기면서 재미까지 더해진다. 우리가 모임을 만들어 지속적으로 만나는 이유가 바로 이 때문이다.

비록 모임에서 상처를 주고받아도 다시 그 모임에 나가거나 다른 모임에 들어가는 이유는 모임이 주는 활력을 알고 있어서다.

아파트가 대표적인 주거문화인 우리나라는 동네마다 회관이나 주민센터가 있고, 가까운 시내의 백화점이나 마트에 있는 문화센터에서는 다양한 강의를 하고 있다. 여러 모임이 만들어질 수 있는 환경이 마련된 셈이다.

휴일이면 관광버스는 모임에 속한 사람들의 야유회를 위해 고속도로에 줄을 서고 휴게소마다 같은 조끼나 유니폼을 입은 여러 무리의 사람들이 있다. 마치 모이지 않으면 사람이 아니라는 듯이 모임에 열을 올리는 것만 같다. 어쩌면 모임이 우리의 본능이 아닌가라는 생각이 들 정도다.

사람의 성장과정에서 모임(공동체)은 빠질 수 없다. 유치원에 입학하면서부터 대학교를 졸업할 때까지 한 번도 어딘가에 소속되지 않은 적이 없다. 어디 그뿐인가. 졸업한 후에도 사회생활을 하면서 절대 혼자 있을 수가 없게 된다. 모임에 소속되는 것은 운명처럼 여겨진다.

같거나 비슷한 가치관을 가진 사람들을 찾으러 모임에 들어가는 경우도 있다. 아무리 가족이라도 소통되지 않는 공감대가 있으므로 그 빈자리를 채우기 위해 가족 외 다른 모임에 들어가는 것도 정신적으로 봤을 때 필요하다. 같은 취미를 공유하는 사람들과의 만남은 취미의 기술적인 향상에다 정신적인 나눔까지 이어지므로 개인에게 유익하다. 그래서 나이가 들수록 집 밖의 모임에 애착을 갖는다.

들어가고 나가는 부분에 유연성이 있고 열정과 노력의 차이에 상관없이 활동이 가능한 점, 특별한 이해관계가 없어도 한 모임의 구성원이라는 이유만으로 한 가족처럼 지낼 수 있다는 점이 모임을 더욱 매력적으로 만든다.

예전에는 타향에서 직장을 얻으면 학연, 지연 등이 없어서 적응에 어려움이 많았지만 지금은 인터넷, SNS 등을 통해 내게 필요한 모임에 들어가 어느 정도 원하는 바를 해결할 수 있다.

모임이 매우 활성화되어 있다 보니, 간혹 가족보다 서로의 이야기를 친밀하게 하는 모임 구성원들이 더 가깝게 느껴지기도 한다. 사람과 사람 사이의 관계란 원칙과 이론보다는 실제적인 가까움이 더 앞서기 때문이다.

그렇다면 삶에서 모임이 절대적이어야 하는데 실은 그렇지 않다. 사람은 본성적으로 자기중심적이다. 모임에 소속되었다고 해도 자신의 이익이 항상 먼저라고 의식적이든, 무의식적이든 생각하고 있다.

모임의 요구가 자신의 이익과 잘 맞으면 해당 모임을 좋아하고 지속적으로 참여하려는 경향이 있다. 물론 반대로 자신에게 도움이 되지 않으면 모임에 참석하지 않으려고 한다.

어떤 모임에 들어가야 하나

이왕 모임에 들어간다면 당연히 좋은 모임에 들어가야 한다. '좋은 모임'과 '나쁜 모임'은 어떻게 구분할까? 간단하게 생각하면 된다. 모임 자체의 내용이나 질과 상관없이 내게 좋으면 '좋은 모임', 나쁘면 '나쁜 모임'이다.

모임에서 맡은 일 때문에 스트레스를 받는다고 나쁜 모임은 아니다. 일을 맡고 있으면 당연히 스트레스가 생긴다. 그런 스트레스는 그 일이 끝나면 저절로 없어지니까 괜찮다.

나가도 그만, 안 나가도 그만인 모임도 나쁜 모임은 아니다. 이런 경우는 어떤 계기가 있으면 좋은 모임이 될 여지가 충분하다. 나쁜 모임의 징후를 세 가지로 정리해봤다.

첫 번째, 모임 날이 다가오면 왜 이렇게 자주 돌아오는가 생각하게 된다. 그래서 빠지려고 자꾸 핑계를 만든다.

두 번째, 구성원들 중에 싫은 사람이 있을 때다. 그 사람만 없으면 모임이 그런대로 재미있을 것 같다는 생각을 한다. 이 모임을 계속 나가려면 그와 친해지거나 그가 나오지 않으면 되는데 거의 대부분 현실적으로 불가능하다. 그래도 그를 싫어하지만 그와 친해질 계기나 개선해보고 싶은 의지가 조금이라도 있다면 그나마 좋은 모임으로 발전할 가능성이 있다.

세 번째, 모임에서 내가 아무런 영향력이 없다는 생각을 하는 경우다. 내가 영향력이 없는 것을 알고 있지만 그저 구성원으로 만족한다면 괜찮다. 그러나 주도권을 잡고 싶은데 그렇지 못해 불만이라면 내게는 나쁜 모임이 된다.

위의 세 가지 중 한 가지라도 해당되면 그 모임은 내게 도움이 되지 않으며 다른 구성원이 굳이 상처를 주지 않았다고 해도 상처의 원인이 될 수 있다. 노래 가사처럼 "깨치고 나가 끝내 이기리라"처럼 되면 좋겠지만 그러기 위해서는 치러야 할 것이 너무 많다. 그러는 동안 받는 상처는 다 어쩔 것인가.

  모임은 적어도 나를 충족시켜줘야 한다. 모임은 싫어도 배워야 하는 전공필수가 아니라 배워도 그만, 안 배워도 그만인 교양과목 정도이기 때문이다. 그러므로 처음부터 내게 좋은 모임을 찾아 들어가도록 해야 한다.

  모든 모임은 구성원들의 노력에 의해서 유지된다는 유일한 특성이 있다. 구성원들이 아무런 노력을 하지 않으면 이 세상에 좋은 모임이란 없다. 구성원들 각자가 그 모임을 위해 어느 정도 노력해야 하며 그 노력을 통해 구성원 각자가 성장하게 된다. 성장하는 구성원이 모여 있는 모임은 구성원들에게 계속적으로 신선한 자극을 주고 구성원 개인과 모임 서로에게 시너지 효과를 만들어 낸다.

  나쁜 모임은 그렇게 느끼는 개인의 성향에 판단되지만 모임의 분위기로 인해 만들어지기도 한다. 그러나 모임의 전체적인 분위기가 구성원이 개인적으로 느끼는 부정적인 느낌이나 판단을 조절해준다면 계속 있어도 괜찮다.

  사실 자기 마음에 100퍼센트 드는 모임은 세상에 없다. '모임을 위해 어느 정도의 책임감을 져야 한다', '약간 마음이 맞지 않은 사람이 있어도 잘 지내려고 노력하는 자기희생을 어느 정도는 해야 한다'고 생각하면서 모임 구성원으로서 맡은 역할이나 위치를 지키면 그리 나쁜 모임은 없다. 구성원들 간에 좋은 관계를 유지하고자 노력하자는 말이다.

  가장 좋은 방법은 모임에서 서로 상처를 주고받지 않는 것이다. 그러기 위해서는 어느 정도의 노력이 필요하며 그 노력은 우리가 앞에서 습득한 방법들이 도움이 될 것이다. 물론 '모임'이라는 특수성이 있으므로 좀 더 필요한 게 있긴 하다. 이제부터 그것에 대해 알아보려고 한다. 그에 앞서, 무언가를 알기 위해서는 속성을 파악해야 하듯이 '모임'의 속성부터 살펴보겠다.

모임의 속성

　모임 구성원들은 오랜 시간 흉허물없이 지내온 친구들과는 다르나. 어떤 개인적 이익을 위해 모임에 가입하기 때문이다. 그래서 모임은 각각의 목적에 따라 규칙과 특성이 있으며 그것을 지킬 때 유지된다.

　친한 친구들과의 관계처럼 모임을 생각하면 모임에서 상처받을 가능성이 높다. 서로 지켜야 하는 것이 있기 때문이다.

　또한 상처를 대하는 자세도 '친구들과 관계'와 '모임'은 서로 다르다. 보통 '너와 나'라는 일 대 일의 관계는 친밀하므로 상처를 주고받아도 서로 고민하고 해결하려는 노력을 한다. 하지만 모임은 필요에 의해 여러 사람이 뭉친 관계이므로 조금이라도 불편한 사항이 발견되거나 느껴지면 해결하려기보다 즉시 감정을 드러내고 관계의 단절을 결정하는 경우가 많다. 그러므로 모임에서 상처를 받지 않으려거나 이미 받은 상처를 치유하기 위해서는 모임의 속성을 알아둘 필요가 있다. 제대로 알아야 모임에서 발생하는 상처에 대처할 수 있기 때문이다.

모임의 단계

연인들이 서로에 대한 탐색, 열정, 실망의 과정을 거치듯이 모임에도 그런 단계들이 있다. 그 단계들은 각 특성상 상처와 무관하지 않다.

모임은 개인이 생각하는 방향으로 거의 전개되지 않는다. 그래서 처음 시작할 때, 가입할 때의 열정으로 모임에 계속 있을 수 없다.

친한 친구 3명만 모여도 이견과 공감은 따로 또는 같이 항상 존재한다. 모임은 어느 정도의 사회적 속성을 갖고 있어 규모, 구성원의 성격 등에 상관없이 일어나는 현상은 거의 비슷하다. 그 현상을 허상의 단계, 얽힘의 단계, 교류의 단계로 구분해서 설명하고자 한다.

허상의 단계

허상의 단계는 좋은 게 좋다고 생각하는 것이다. 이 단계에서는 아무런 문제가 일어나지 않는다는 특징이 있다. 왜냐하면 어떤 경우에든 반대를 하지 않기 때문이다. 회의할 때 나오는 의견은 거의 그대로 통과되거나 기존의 것을 이어간다.

또한 아무도 싸우지 않으며 서로 사랑하지도, 미워하지도 않는다. 그러므로 모임은 발전이 없고 정체되어 있기 때문에 조금씩 퇴보한다.

허상의 단계에 머무르는 경우는 다음 네 가지다.

첫 번째, 모임이 만들어지고 얼마 되지 않은 경우다. 이때 구성원들은 모임 자체에 익숙하지 않아 대체적으로 관조하는 입장이다. 서로를 알아가기에 가장 좋은 태도인 친절함으로 일관하는 경향이 지배적이다.

두 번째, 독재 성향이 강한 사람이 리더를 맡고 있을 때다. 리더가 파쇼적인 스타일이라면 그가 다 알아서 하기 때문에 다른 구성원들의 역할이 별로 필요가 없다. 구성원들이 가만히 있어도 모임이 굴러가기 때문이다. 그러나 문제들이 수면 아래 깊이 잠겨 있어서 당장은 괜찮지만 결국 언젠가는 수면 위로 올라와 모임이 혼란스러워진다.

세 번째, 구성원들의 성향이 온순한 경우다. 이런 구성원들은 갈등이나 대립 같은 부정적인 것에 대한 두려움이 있다. 모이는 자체에 가치를 두고 변화를 더 이상 원치 않으며 새로운 발전을 위한 모험은 시도하지 않는다. 또한 열정을 표현하는 방식도 온순해서 항상 그 자리, 그 정도에 머물러도 불만이 없다.

네 번째, 모두 침묵할 때다. 구성원들의 성격이 전반적으로 조용하거나 개인적인 책임감을 느끼지 않을 때 그렇다.

이러한 허상의 단계에서는 '지금 모습이 최선이다'라는 착각에 쉽게 빠질 수 있다. 문제가 없으니 모임은 잘 유지되고 있다는 착각에 빠지는 것이다.

서로 항상 좋다는 말을 하거나 듣기 때문에 아무런 불만이 없지만 뿌듯한 충족감도 사실 없다. 구성원들은 적당한 간격을 유지하고 예의를 지키며 서로 참견하지 않기 때문에 상처를 주지 않는다. 구성원들의 경사는 축하해주지만 아픈 구석에 대해서는 알지 못하니 함께 슬퍼할 일이 없다.

모임이 끝나고 돌아서면 그 날에 있었던 일과 서로에 대해 쉽게 잊고, 정해진 다음 모임 때까지 사적으로 모이고 싶은 생각이 들지 않는다. 구성원들은 서로에게 아무런 존재감도 없다. 관계에서 희망이 없다는 말이다.

얽힘의 단계

이 단계는 '허상의 단계'가 지나면 오기도 하고 구성원들의 성향에 따라 처음부터 시작되기도 한다. 그러나 대부분 '허상의 단계' 다음에 온다. 구성원들끼리 서로의 장단점을 잘 알고 있으므로 친밀함도 깊지만 그로 인한 기대, 신뢰가 반목의 원인이 된다.

이 단계에서는 구성원들 서로의 차이에 대해 논쟁하고 맞고 틀림에 민감하다. 작은 갈등이 시작되면 집단에 따라 비방이 난무하고 진실과 거짓이 교차하는 바람에 모든 구성원에게 힘든 단계다. 여기서 가장 문제가 되는 부분은 생각의 차이로 구성원들이 갈라지면서 진실이 왜곡되는 것이다.

이때 모임에서는 소수가 주도권을 잡아서 다수의 구성원들이 반발하는 경우, 구성원들이 생각을 같이 하는 사람들끼리 갈라지는 경우, 모임에 이득 또는 손해와 관련된 문제가 생길 경우, 일방적으로 피해를 보는 구성원들이 생길 경우 등으로 다양하게 문제가 나타난다.

모임의 구성원들은 해당 모임에서 작고 큰 즐거움을 바라는 보통 사람들이다. 그런데 일부 사람에 의해서 또는 흐름상 얽힘의 단계가 되는 것은 안타까울 뿐이다.

얽힘의 단계에서는 비이성적인 측면이 있다. 한 개인의 이성적인 사고로는 할 수 없는 일도 어떤 상황이 닥치고 구성원들이 집단적으로 합의하면 비이성적인 측면을 넘어선다.

윌리엄 고딩이 쓴 『파리대왕』은 집단이 특별한 상황에서 나타나는 극한의 얽힘을 보여준다. 비행기 사고로 무인도에 불시착한 소년들은 그때까지만 해도 보통의 소년들이었다. 그런데 소년들은 민주적이고 이성적인 랄프보다 야성적인 잭을 따른다. 그때부터 평범했던 소년들은 잭을 중심으로 점점 집단적인 광기를 표출한다. 자신들이 하는 일이 잘못됐다는 것을 인식하지 못한다. 잭이 만든 법체계는 무인도를 떠나면 없어질 것이 뻔하지만 지금 소년들은 그걸 모르고 따른다.

몇 사람이 친목을 목적으로 만든 모임에서부터 덩치가 꽤 큰 모임에 이르기까지 얽힘의 단계는 꼭 있다. 단순한 인간적인 대립, 이념적인 대립, 역사적으로 비이성적이었던 사건들이 바로 이 얽힘의 심화나 혹은 변형이었다.

미국의 상원의원이었던 매카시는 1950년 2월 9일 공화당의 한 행사장에서 국무부에 205명의 공산당원이 있으며 자신이 명단을 갖고 있다고 폭탄선언을 했다. 이 발언은 즉각 모든 언론매체의 톱기사를 장식했고 미국 정계는 발칵 뒤집혔다. 특히 이 시기는 소련 및 동유럽 사회주의권의 성장이 빨라지고 중국이 공산화가 된 직후라 공산주의에 대해서는 매우 예민한 분위기였다. 당연히 매카시의 발언은 집중 조명을 받았고 그 파장은 일파만파로 퍼졌다.

근거 없는 비난이 난무했고 이 기회에 아예 숙적의 싹을 자르고 싶어 하는 무리까지 생겨났다. 일단 지목된 사람은 어떠한 변명도 통하지 않았으며 이성을 잃은 언론과 대중의 공세 앞에 속수무책이었다. 공산주의자로 낙인찍히는 것은 시간문제였다. 국가가 연주되는 동안 엉덩이를 긁기만 해도 의심을 받는다는 말이 돌아다닐 정도였다.

사람에게는 본능적으로 누군가를 칭찬하고 싶은 욕망보다 비난하고 싶은 욕망이 강하며 집단일 때 더 충동적으로 바뀐다. 집단이 비난으로 행동을 정하면 비이성적인 행동은 꼬리에 꼬리를 물며 쉽게 정지되지 않는다. 얽힘의 단계에서 비난은 가장 대두되는 행동이다.

이 단계에서는 구성원들이나 일을 맡은 리더 모두 힘들다. 왜 이런 혼란을 겪으면서까지 이 모임을 유지해야 하는가에 대해 끝없이 반문한다.

그럼에도 불구하고 얽힘의 단계에서 모임 대부분이 계속 된다. 모임에 관심이 있으니까 고민이나 싸움을 하는 게 아니겠는

가. 혼란의 한가운데서도 사람들은 해결방법에 촉각을 모으게 된다.

부부들은 끝없이 싸운다. 한집에 같이 살고 있으니 서로에 대해 이해하고 있는 것 같지만 부부의 생각은 같으면서도 묘하게 다르다. 그러나 부부들 대부분은 싸우다가도 결국 화해를 한다.

부부들을 대상으로 프로그램을 하다 보면 가끔 한 번도 싸우지 않았다는 부부를 보게 된다. 만일 싸우는 부부와 싸우지 않은 부부 모두에게 심각한 문제가 생겼다고 가정했을 때 어느 쪽이 더 희망적인가 묻는다면 싸우는 부부 쪽이다.

평소 싸운 부부는 각자 자신의 생각을 목소리 높여 말해도 그동안 적지 않은 갈등을 서로 경험했으므로 위기 극복에 상당한 노하우가 있다. 그 부부는 싸움을 두려워하지 않으며 이렇게 싸우다가 화해할 것을 의심하지 않는다. 실제로 곧 화해한다. 또한 앞으로 있을 다른 싸움도 두려워하지 않는다.

그러나 한 번도 싸우지 않은 부부는 문제가 생기면 그 자체를 심각하게 생각하고 부부관계의 근본적인 부분까지 고민한다. 근본적인 부분에 대한 고민은 현재의 상황을 악화시킨다. 싸울 때 평소와 다른 목소리에 서로 당황한다. 이러한 갈등은 두려운 현실이므로 화해의 실마리를 쉽게 찾지 못한다.

싸움, 갈등은 그 과정을 통해 어떤 목표를 이루려거나 더 나은 무언가를 추구하려다 발생한다. 그 과정에서 지나친 문제가 발생할 수 있지만 추후에 의도를 보면 관계의 발전에 기인했음을 알게 된다.

얽힘의 단계에서 더 이상 견디지 못할 것 같으면 그 모임을 그만두는 것이 가장 쉽고 좋은 방법이다. 자신이 십자가를 매고 해결하려고 해봤자 더 큰 상처를 받을 가능성이 높다.

교류의 단계

얽힘의 단계에 남아있는 사람들이 노력해서 모임이 발전하면 '교류의 단계'로 넘어간다. 이 단계는 갈등을 넘어서야 오므로 구성원 간에 진정한 인간적 관계를 맺을 수 있다.

'허상의 단계'와 '얽힘의 단계'는 그냥 오지만 '교류의 단계'는 노력해야 온다는 차이가 있다. 구성원들이 노력하지 않으면 절대로 경험할 수 없는 단계다. 이 점이 가장 중요하다.

교류의 단계에서는 구성원들이 친밀하며 하고자 하는 일도 잘 된다. 이들은 이미 호된 경험을 했으므로 친밀함을 소중하게 생각하고 있다. 또한 서로에 대한 신뢰가 높아서 웬만한 일이 아니면 심각한 갈등이 없다. 모임의 구성원들은 행복하고 서로에게 감사한 마음도 갖는다.

 모임은 처음 만들어질 때 취미 공유, 친목 도모 등의 지향점이 있다. 그러나 어떤 것을 매개로 했든 모임의 기본은 인간적인 관계다. 이를 무시하면 얽힘의 단계에서 머물며 아무리 노력해도 교류의 단계로 절대 올라가지 못한다.

 모임은 모든 구성원이 평등한 존재로서 우정을 나눠야 한다. 우정은 모임의 영혼이며 희생과 배려가 들어가 있는 포괄적인 개념이다.

 전에 독서모임을 했던 사람들의 이야기를 들었다. 구성원들은 초등학교 자녀를 가진 부모들이었고 취지는 자녀들에게 그 나이에 맞는 책을 읽히자는 데 있었다. 그들의 공통적인 관심사는 자녀교육이었고 공통적인 불만은 현재 나와 있는 독서목록이 나이 수준에 맞지 않는다는 것이었다. 아이들에게 어떤 책을 읽혀야 하는지에 대한 공통적인 고민이 이들을 모이게 한 원인이었다.

 모임은 처음부터 활기를 띠었다. 도서목록을 짠 다음에 부모들이 먼저 읽고 충분한 토론을 거친 결과를 자녀들에게 전달하자는 계획을 세웠는데, 나름 완벽해보였다.

 초반에는 계획대로 진행되었다. 다만 도서목록을 짤 때 평소 독서량이 많은 몇 사람이 주도권을 잡는 게 다른 부모들에게는 거슬렸지만 도움을 받는다는 차원으로 여기고 그냥 넘어갔다. 그러나 구체적으로 토론에 들어가자 잘하는 사람들과 못하는 사람들로 편이 나뉘고 잘하는 사람들 안에서도 더 많이 아는 사람과 그렇지 못한 사람으로 나뉘었다. 갈린 편에서 다시 갈리고 서로 비난이 난무하면서 결국 모임은 두 달 만에 완전히 끝났다.

이 모임은 얽힘의 단계에서 교류의 단계로 넘어가지 못했다. 이렇게 끝이 났지만 잘될 수 있는 가능성도 있었다. 독서모임은 그 특성상 토론을 이끌어갈 사람이 필요하다. 그 필요한 것을 인정하고 출발했다면 좋은 모임이 되었을 텐데 결국 구성원들 모두 상처만 한가득 얻고 헤어진 것이다.

모임이 교류의 단계로 가려면 구성원 각자는 자기 자신을 어느 정도 비워야 가능하다. 그렇다고 도를 닦아야 한다는 정도가 아니라 약간만 비우는 정도면 된다. 비우는 방법은 뭘까? 바로 다른 사람을 인정하는 것이다. 사실 제일 어려운 일이지만 일단 그렇게 되면 다른 것은 저절로 비워진다. 비움은 어렵다고 생각되지만 어쩌면 간단한 것일 수 있다.

지금까지 설명한 세 단계는 흐르는 물처럼 순환한다. 어느 한 단계에 머무르면 절대로 성장하지 못한다.

교류의 단계도 마찬가지다. 교류의 단계가 오래 지속되면 모임은 매너리즘에 빠진다. 그렇게 되면 외부 사람, 외부의 환경을 수용하지 못한다. 갑자기 예상 밖의 사건이 터져 얽힘의 단계를 다시 거칠 수 있는데 이때 구성원들이 서로 우왕좌왕하면 모임 자체가 무너지게 된다.

얽힘의 단계를 두려워하지 말고 반대할 때는 반대하고 새로운 의견을 내놓으면서 적당한 갈등을 경험하면 약간의 긴장이 유지되는 모임이 될 것이며 또 다른 성장에 도움이 된다.

성장과정에서 아무런 어려움이 없었던 사람의 눈은 고난이 없어서 아무리 똑똑해도 맹하다. 맹한 눈에는 담을 것이 없음을 명심하자.

모임의 조건

모임에는 유지되기 위한 조건이 있다. 그 조건은 모든 구성원에게 유용하고 모든 구성원이 협조해야 하며 지속적이어야 한다.

'유용하다'는 정보를 공유하며 모임에서 이뤄지는 모든 것을 말하고 사용하고 누리는 모습을 말한다. 공지사항이 있는데 나한테만 연락이 오지 않으면 기분이 나쁘다. 모임에서 일어나는 사소한 일이라도 다른 사람은 다 아는데 나만 모른다면 역시 기분이 나쁘다.

모임의 물건은 모든 구성원이 쓸 수 있어야 한다. 심지어 청소 도구까지 모임 구성원이라면 꺼내 쓸 수 있어야 한다. 몇몇 구성원만 사용할 수 있다거나 의도적이지 않았지만 누군가가 차별을 느꼈다면 당연히 소외감을 느끼는 사람에게는 상처가 된다.

'협조해야 한다'는 친밀한 관계 속에서 도움을 주고받는 것을 말한다. 모임 구성원들은 서로 가깝지 않으면 모임을 유지할 의미를 찾지 못한다.

일단 가까운 관계가 되어야 한다. 가까우면 이해의 폭이 넓어져서 사소한 갈등이 없다. 그러므로 모임 초반부터 자주 만나 관계를 형성하고 생각을 나눠야 한다.

'지속적이어야 한다'는 모임이 점점 발전해야 한다는 것을 말한다. 고인 물은 썩게 되어 있다. 한자리에 머물러 있으면 구성원들은 만족감이 떨어지고 끝내 해체되므로 항상 개선하려고 노력하고 진보적인 자세를 가질 필요가 있다.

이상의 조건이 충족되지 못하면 모임은 삐거덕거리고 결국 구성원들끼리 상처를 주고받으며 해체하게 된다.

모임에서 받을 수 있는 상처

　세상 모든 것은 처음의 의도대로 움직이거나 되지 않는다. 모임도 마찬가지다. 처음에는 필요에 의해 나가게 되었다가 사람이 좋아서 열심히 하게 되고 그러다 보면 점차 모임의 본질보다 관계 속에서 가치를 찾게 된다. 가치를 찾기 시작하면서부터 즐거움, 유익함은 갈등, 회의와 공존한다.

　즐거움과 유익함이 모임의 빛이라면, 갈등과 회의는 모임의 그림자다. 이 그림자가 생겼을 때 갈등이 생긴다. 모임을 그만두기에는 아쉽고 이어가자니 상처가 가까이 올 것 같기 때문이다.

　모임에서 받는 상처는 개인적인 속성과 일로 인해 생긴다. '개인적인 속성'은 앞에서 이미 다뤘으므로 여기서는 모임의 특성에 따라 받을 수 있는 상처를 다룰 것이다.

모임은 친구를 만나는 것과는 다르다. 모임이 만들어진 목적에 따라 구성원에게 할 일이 주어지기 때문에 인간관계와 일, 두 가지가 공존한다. 단순한 관계보다 더 많은 상처를 받을 수 있다. 그러면 모임에서는 어떤 경우에 상처를 받을까?

새로운 구성원이 겪는 상처

모임에 처음 들어가면 모든 게 낯설고 얼마 동안은 부담스러운 게 사실이다. 어느 모임이나 신입 구성원들의 탈퇴 비율이 가장 높다. 원칙적으로는 당사자의 적극적인 노력이 우선되어야 하겠지만 사실 아는 것도, 아는 사람도 없는 상황에서 노력하기란 쉽지 않다.

대학 동아리의 경우를 보면 학기가 시작되고 3월에 등록한 학생들이 5월 정도부터 그중의 3분의 1이 뒤처지며 1학기가 끝날 때는 반 정도가 정리된다. 동아리를 탈퇴한 학생들의 이야기를 들어보면 본인의 잘못보다는 동아리에 대한 섭섭함이 많다. 탈퇴한 학생들 개인의 노력이 부족하다고 할 수 있지만 그보다 동아리 기존 구성원들의 배려가 부족한 게 더 큰 영향이라고 본다.

어렸을 때 전학을 많이 다녔던 사람들은 낯선 학교에서 느꼈던 이질감에 대한 기억이 생생하다. 적응에 심각한 후유증을 오래 갖고 있는 사람도 많다.

새롭게 가입한 사람들 중에서 모임과 관련해 상처를 빨리 받는다면 개인적인 성향의 영향이 크다. 가입 초반이어서 개인이 갖고 있는 열등감이 잘 드러나지 않지만 기존 구성원들이 어떻게 해주느냐에 따라 다른 결과를 만들 수 있다.

특히 우리나라 사람들은 처음 보는 사람과의 어울림에 적극적이지 못한 편이다. 그래서 새로 들어온 사람들은 그들대로 어색하고 기존 회원들은 새로운 사람 때문에 어색하다. 기존 회원들이 그 어색함을 자기들끼리의 익숙한 친밀함으로 풀어내면 새로운 회원은 더 불편해진다. 그런 친밀함에 끼지 못하면 새로운 회원 입장에서는 자존심이 상하고 상처로까지 발전할 수 있다.

새로운 구성원이 아직 적응하지 못한 상황에서 모임의 규칙을 너무 강조하면 그는 위화감을 느낀다. 또한 능력이 부족한 것이 아니라 익숙하지 않아서 규칙을 지키지 못했을 때 기존 회원들에게 능력이 부족하다는 오해를 부를 수 있으며 당사자는 당사자대로 스스로에게 만족하지 못하고 모임에 대한 거부감으로 상처를 받게 된다.

새로 들어온 사람들 대부분은 예민하게 주변을 살핀다. 자신에게 허락된 운신의 폭이 어느 정도인지 감이 잡히지 않아 매사에 행동이 부자연스럽다. 다른 사람들의 성향을 몰라서 어떻게 대화해야 할지도 모른다. 또한 모임의 취지도 정확하게 맥을 잡지 못한다.

이런 상황에서 자신에게 쏟아지는 관심은 고맙기도 하지만 부담스러운 면이 더 크다. 그렇다고 기존 회원들이 모른 척 방관하면 섭섭해한다.

새로 들어온 사람은 새로운 환경에 대한 기대감보다 가시방석 위에 앉은 불편함이 항상 있으므로 상처에 쉽게 노출되어 있음을 잊지 말자.

끼리끼리의 부정적인 영향

마음이 맞는 사람들끼리 같이 일하면 수월하고 재미도 있다. 모임 구성원 전체가 다 어울려야 하는 것은 알지만, 대개의 모임은 구속력이나 강제성이 없으므로 모임 내에서도 이왕이면 자신과 호흡이 잘 맞는 사람을 선호한다. 몇몇 사람들은 서로 끈끈한 집단을 만들거나 하나의 계파를 만들기도 한다. 심지어 자기들끼리만 모이는 또 다른 모임을 외부에 만들기도 한다.

　이것은 좋은 측면보다 부정적인 측면이 더 많다. 그런 무리가 힘을 갖게 되면 모임에는 항상 사고의 위험이 높다. 자신과 친한 구성원이 낸 의견이라고 충분한 논의나 대안을 생각하지 않고 결정하며 이것은 다른 구성원들에게 반감을 일으켜 모임의 와해를 부를 수 있다. 이와 관련된 대표적인 예로 케네디 대통령의 피그스 만 침공을 들 수 있다.

　쿠바에 카스트로 정부가 들어서자 미국은 쿠바를 전복시키기 위해 피그스 만을 침공한다. 이때 미국은 미군의 피해가 없게 하려고 쿠바 난민들을 게릴라로 위장해 침투시켰으나 결과는 실패였다. 이 일로 인해 미국은 국제적으로 망신을 당했고 쿠바는 소련과 손을 잡았다.

　당시 미국의 침공 결정에 국무장관, CIA 국장 등 7명이 참석했는데 이들 모두는 케네디 대통령의 하버드대학교 동창이었다. 그들은 평소에도 친밀했고 마음이 잘 맞았으며 침공에 아무런 이견이 없었던 것이다.

　모임에서 모두 마음이 맞을 리는 없다. 절대로 하나의 목소리를 낼 수 없다는 것을 염두에 둬야 한다. 구성원들의 다양함은 모임의 장점이지만 그로 인해 모임을 이끌어가는 리더와 구성원들은 각자의 입장 때문에 상처받을 수 있다. 하지만 다양한 개성의 사람들이 모인 모임은 당연히 그럴 수밖에 없다. 그런 상처는 모임에서 소외감을 느끼는 사람이 받는 상처에 비하면 아무것도 아니다.

자신이 모임에서 그것도 내부의 중요한 그룹에 속하지 않는다고 느끼면 당사자는 무조건 기분이 나쁘게 된다. 자신이 그 그룹에 들어가지 못한 이유가 분명 있을 것이라는 생각을 하므로 소외되는 느낌은 점점 강해진다. 또한 그 그룹에서 모임의 중요한 일을 많이 하면 그 소외감은 더 커진다.

요즘 문제가 되고 있는 왕따는 학교에만 있는 것이 아니다. 사회 모임에서도 왕따가 있다.

자신을 소중하게 생각해주지 않는 모임은 탈퇴하면 그만이지만 그래도 소외되었던 기억은 비만 오면 쑤시는 신경통처럼 쉽게 사라지지 않는 상처로 남는다.

전임자와 후임자의 관계

며느리가 들어왔는데 살림을 척척 잘 해나가면 시어머니들은 은근히 불안하다고 한다. 그동안 경험한 살림의 노하우를 알려주면서 시어머니라는 위치를 느끼고 싶었는데 알아서 살림을 잘 하는 며느리 앞에서는 그럴 수 없고 언젠가 당신이 살림과 관련해서 실수라도 하면 며느리의 눈치를 보게 될지 모른다는 생각 때문이다. 그 생각이 현실로 되면 시어머니의 상처는 이루 말할 수 없다.

　이렇듯 모임에서 은근히 상처를 주고받는 관계가 전임자와 후임자다. 새로운 후임자가 생기면 전임자는 은근히 경계를 한다. 마찬가지로 후임자도 전임자가 신경이 쓰이게 된다. 후임자가 앞으로 어떻게 하느냐에 따라 전임자에 대한 평가가 나타나기 때문이다.

　'미래로 가는 길은 오래된 과거에서 찾아야 한다'는 말이 있다. 옛날부터 왕은 일을 하기 전 선대왕들의 업적을 보기 위해 '실록'을 뒤졌다. 판사는 판결을 하기 전에 판례집을 본다. 이런 때 이렇게 했다는 것은 후임자에게 가장 좋은 판단의 기준이며 답이다. 훌륭했던 업적은 모범이 될 것이며 잘못된 일은 반면교사로 삼을 수 있다. 그러므로 전임자가 한 일은 버릴 것이 없다.

　전임자가 했던 일은 다 어떤 이유가 있었으며 그 당시에는 그 결정이 최선이었을 것이다. 그런데 보통 후임자는 전임자의 행적을 지우기 위해 판을 뒤집는 경우가 대부분이다. 만일 전임자가 계속 그 모임에 있다면 전임자에게는 큰 상처가 될 것이며 나중에 모임의 분란 소지가 될 수 있다.

게이트볼 동호회에서 있었던 일을 예로 들어보겠다. 시에서 노인복지 차원으로 동네 공원에 게이트볼 연습장을 만들었다. 한두 명 모이다가 어느새 20여 명이 되자 하나의 동호회를 만들기로 했다.

첫 회장으로 뽑힌 사람은 공간을 최대한 활용하면서 이 기회에 게이트볼 연습장을 모임의 장소로 만들기로 했다. 회원들 대부분이 은퇴한 노인들이라 경제력이 넉넉하지 않은 상황이어서 되도록 돈이 들지 않는 방향으로 꾸미기로 했다.

연습장 옆에 휴게실을 만들기 위해 천막을 치고 그 안에 마트에서 얻은 의자와 테이블을 놓았다. 회장은 집에서 쓰지 않는 장롱을 가져다 동호회 캐비닛으로 사용했다. 가뜩이나 얻어다 놓은 의자와 테이블, 천막으로 인해 옹색하게 보이던 공간은 장롱이 들어서자 더 옹색해보였다. 그렇게 동호회는 운영이 되다가 새 회장이 뽑혔다.

새 회장은 회원들 중에서 가장 경제력이 좋은 사람이었다. 연금도 받고 재산도 풍족했다. 그는 전부터 휴게실이 마음에 들지 않았다. 돈을 조금만 들이면 깨끗하게 만들 수 있다고 생각했지만 임원도 아닌 사람이 나서기도 애매해서 가만히 있던 중이었다. 특히 장롱이 눈에 매우 거슬렸다.

　새 회장은 제일 먼저 장롱을 치우고 철제 캐비닛을 두 개 사다 놓았다. 보기에도 산뜻할 뿐 아니라 수납공간도 늘어 회원들은 다 좋아했다. 이러한 분위기에 새 회장은 기분이 좋아져서 아예 컨테이너 박스를 설치하기로 결정했다.

　새 회장의 변화로 동호회는 활기를 띠었지만 단 한 사람, 전임 회장은 심한 상처를 입었다.

　누구나 일을 맡으면 새로운 계획을 세우기에 급하다. 그러나 모든 것을 너무 새롭게 구상하면 그전의 일은 순식간에 구닥다리가 된다. 또한 예전의 업적은 별로였다고 생각할 수 있다.

　전임자의 지난 업적을 입에 침이 마르도록 칭찬하기는 어렵지만 적어도 대놓고 수정한다거나 바꾸는 것은 실적의 좋고 나쁨에 관계없이 모임을 어수선하게 만드는 출발점이 될 수 있다.

상처 없는 모임이 되는 방법

모임이 잘 유지되려면 구성원들에게 상처가 없어야 한다. 상처 받은 구성원이 있는 모임은 유지가 잘 되지 않는다. 모임에서 받는 상처는 그곳에서 하는 일과 관련이 있지만 결국 관계에서 발생하는 문제다.

모임을 '특수한 목적이 있는 집단'이라고 생각하기 전에 '사람들의 집단'이라는 사실에 초점을 맞추길 바란다. 모임에서 하는 일은 다 구성원들을 위한 것이라는 생각은 기본이다. 모임에서 아무리 많은 성과를 내도 구성원들끼리 친밀함이 없으면 성과는 허무하다.

동창회 모임이 아닌 이상, 모임의 구성원들은 새롭게 만난 상황이며 이제 관계를 맺는 중이다. 그 와중에서도 서로 불편하게 하지 않고 스트레스 또는 상처를 주지 않기 위해 고민하는 자세는 향후 모임을 발전하게 만드는 토대가 된다. 상처가 없는 모임이 되기 위해서는 어떻게 해야 할까?

모두가 고개를 끄덕이는 결정

모두에게 좋으면 상처가 있을 수 없다. 좋은 게 좋다는 자세와 다르다. 좋은 게 좋다는 자세는 묵인과 침묵을 포함한 방관의 태도로 소극적인 경향이 짙지만 '모두에게 좋다'는 말은 서로 만족하기 위해 노력하는 것을 의미한다.

유리그릇 4개를 3명이 나눠 가져야 할 때 똑같이 나누려면 나머지 1개를 3등분으로 깨뜨려야 되는데 실제로 깨진 유리그릇은 쓸데가 없다. 나머지 1개를 누가 갖는 것이 좋은지에 관해 충분히 의논하고 서로에게 불만이 없는 만족한 상태의 결론을 내야 한다.

이때 두 명이 무턱대고 양보하면 모양새가 좋지 않다. 갖게 되는 사람은 그릇을 가져서 좋고 나머지 두 명은 갖지 않아도 괜찮다고 여길 정도로 충분한 논의가 이뤄져야 하고 그 결과는 세 명이 모두 납득하는 선이어야 한다.

누군가 희생하는 게 아니라 그 일로 인해 유형이든 무형이든 무언가를 얻는 것이 구성원 모두에게 있을 때 상처는 생기지 않는다. 그러므로 모임에서는 활발한 의사소통이 기본이다. 그렇지 않으면 침묵하는 사람이 있게 되고 침묵하는 구성원 입장에서는 당연히 불만이 쌓일 것이고 그 쌓인 불만은 언젠가 상처로 전이된다.

모임에서 야유회를 기획할 때 가장 어려운 문제는 날짜를 정하는 것이다. 각자의 생활이 있기 때문에 모두 갈 수 있는 날을 고르기란 쉽지 않다. 이럴 때는 가지 않는 사람이 가장 적은 날을 택하면 된다.

날짜를 정하는 과정은 대부분 구성원들에게 사전에 논의를 하므로 이 날짜가 가장 합리적인 결정이라는 것을 구성원들은 충분히 이해할 수 있다. 정해진 날에 일이 있어 못 가는 사람은 아쉽고 기분이 살짝 상할 수는 있지만 적어도 상처는 받지 않는다.

모든 구성원이 자신의 의견을 정확히 말하는 분위기에서는 다 드러나기 때문에 절충도 쉽고 오해도 적다. 자연히 모두에게 좋은 결정이 무엇인지 판단도 빠르고 결과에도 다 만족한다. 당연히 상처를 받는 구성원이 거의 없다.

구성원의 능력을 적극적으로 활용한다

어떤 경우든 자신이 전지전능하다는 생각(어쩌면 착각)은 금물이다. 그런 사람일수록 전지전능하지 않아서 주변 사람들이 알아주지 않는다고 화까지 내는 어이없는 상황을 연출한다. 또한 그런 생각을 갖고 있으면 다른 사람의 능력은 절대 알아볼 수 없고 알려고 하지도 않는다.

모임은 공통된 주제나 목표를 여러 사람과 함께 하려고 구성된 조직이다. 그러므로 모임에서 서로의 능력을 알아주고 유용하게 활용하는 자세는 구성원 개개인에게 동기부여의 자극이 되며 모임 자체에 활력이 넘치게 해준다.

여러 사람이 모이면 능력도 다양하다. 모임에서 서로에게 도움을 받아 시너지를 내는 것은 아주 발전적인 모습이다. 세 사람이 길을 가면 그중에 반드시 스승이 있다는 '삼인행 필유아사(三人行 必有我師)'라는 말도 있지 않은가.

그 일을 할 수 있는 사람이 모임에 있는데 그 사람에게 부탁하지 않는다면 모임에 손실이며 그 사람에게는 '내가 할 수 있는데 맡기지 않는 것을 보니 이 모임은 나를 인정하지 않는구나'라는 생각을 하게 만들어 상처를 주게 된다. 능력을 알아차리고 도움을 청하는 것이 여러모로 좋다.

주변에 부탁을 할 수 있는데 굳이 꾸역꾸역 자신이 한다면 다른 사람들의 눈에는 고집불통으로 보인다. 해당 일을 잘하는 사람은 1시간이면 하는데 자신이 하겠다며 하루 종일 붙잡고 있는 것이 얼마나 미련한가. 게다가 잘하는 사람이 하면 그 이상의 효과가 있는데 말이다.

능력이 있는 사람을 써서 성공한 사람들의 예는 굉장히 많다. 삼고초려의 결과, 제갈량을 얻은 유비는 제갈량의 지혜와 전술로 촉나라를 세운다. 이성계는 정도전이 없었다면 조선을 세우지 못했을 것이며 세조는 한명회가 없었다면 왕이 되지 못했을 것이다. 세종대왕은 집현전 학자들이 있어 한글을 만들었으며 정조는 정약용을 신하로 둬 새로운 개혁정치를 할 수 있었다.

모임 구성원 중에 능력 있는 사람을 모른 척하면 모임의 수준은 전체적으로 하향평준화가 된다. 하향평준화는 인식하지 못하는 사이에 오는데 모임의 구성원들을 답답하게 하고 모임의 활기를 꺼지게 하니 좋은 게 하나도 없다.

창의적인 능력과 재능을 가진 구성원은 모임을 한 단계 발전시킬 수 있다. 능력 있는 사람은 자존심도 비례해서 높다. 그런 사람을 알아주지 않고 활용하지 않으면 자존심에 상처를 주고 결국 모임은 발전이 없다.

모임의 발전을 위해서는 능력 있는 구성원을 인정하고 활용하는 지혜가 필요하다. 물론 능력이 있다는 이유로 일부 구성원을 편애하면 다른 구성원들이 소외감을 느끼고 상처를 받으니 주의하자.

무조건 원칙을 강조하지 않는다

모임에서는 원칙이 반드시 필요하다. 하지만 아무리 중요한 원칙이라도 구성원들의 사정을 앞설 수는 없다.

예를 들어 모임에 무단으로 세 번 빠지면 탈퇴시킨다는 원칙이 있다고 하자. 세 번을 빠진 사람이 있는데 개인적으로 알리고 싶지 않은 내용이어서 미리 말을 못했다면 탈퇴시킨다는 원칙을 적용하는데 무리가 있다.

지각하면 벌금을 낸다는 원칙이 있다면, 모임을 시작하는 시간이 직장의 퇴근시간보다 빠른 사람은 매번 벌금을 내게 된다. 원칙이 중요하다며 벌금을 계속 받는 것은 그 사람에게 나오지 말라는 말과 같다.

구성원이 실수를 하여 모임에 피해를 줬을 때 탈퇴하게 한다면 그건 해결방법 중에서 가장 노력하지 않은 쉬운 방법이다.

구성원들의 개인적인 사정을 다 알 수는 없지만 모임 내부에 알려졌거나 드러난 내용이 있으면 그것은 원칙보다 중요하게 다뤄져야 한다. 구성원들도 서로의 사정을 이해하면서 원칙을 지켜야 한다.

정해진 원칙은 당연히 지켜야 하겠지만 원칙만을 강요하는 모임은 상당히 경직된다. 현 상황과 맞지 않거나 구성원들이 납득하지 못하는 원칙은 아무런 가치가 없다.

모임의 품위를 해치는 구성원은 탈퇴시킨다는 원칙이 있다고 해보자. 품위를 해치는 기준을 과연 누가 정할 수 있을까? 그 기준은 누군가의 사심이 들어갈 수 있다. 평소 싫어하는 구성원을 내보내기 위해 다른 구성원이 악용할 여지가 있다는 말이다.

비밀을 다루는 모임이라면 모르겠지만 우리들이 속한 모임 대부분은 사적인 경향이 있다. 이런 모임에서 정해진 원칙을 한 번 어겼다고 바로 징계하는 것은 너무 삭막하다. 원칙을 어긴 구성원에게 그 이유를 먼저 묻고 난 후 결정해도 늦지 않는다.

피치 못할 사정으로 원칙을 어긴 사람에게 원칙이 그대로 적용되면 그 사람은 분명 상처를 받는다. 특히 모임에서 받는 상처는 개인 대 개인의 관계에서 받는 상처보다 더 크다. 그러니 원칙을 적용할 때는 좀 더 주의를 기울이고 판단해야 한다.

나이로 편을 나누지 않는다

모임에서 선배, 후배는 사회적인 세대 차이와 마찬가지로 계속 존재한다. 어느 모임이든 선후배 관계는 도움이 되는 동시에 걸림돌이 된다.

선배들은 자신들이 이뤄놓은 업적에 대한 기득권을 놓고 싶어 하지 않는다. 그것이 중요하게 여겨지지 않으면 무시당한다는 생각을 한다. 또한 모임을 이끌어온 지난 시간들에 대한 보상을 원하지 않는다고 하면서도 잊히거나 묻히는 것을 싫어한다. 간혹 후배들의 능력을 "나이도 어리고 사회 경험도 적으면서…"라며 불신한다. 또한 후배들의 행동에 대해 자신들보다 예의가 없고 경솔하고 부족하다는 결론을 내린다.

후배들은 선배들의 지난 노력을 알고 있으면서 자주 잊는다. 모임의 전통을 자랑스러워하면서도 현재를 과거와 연결하는 것에 인색하다. 현재 자신의 능력이 오래된 (선배들의) 관록보다 훨씬 효율적이라는 생각을 버리지 않으며 앞날만 생각하다 보니 돌아보는 것에 신경을 쓰지 않는다. 또한 선배들이 하는 충고의 진심을 간섭과 지시로 오해하기도 한다.

사실 선배, 후배는 성장했던 환경이 다르므로 서로를 이해하는 데 어려움이 있다. 특히 사회적 변화가 급하게 자주 일어났던 우리 사회는 더 심하다. 긴 시간을 이념에 목숨 걸던 선배들과 이념보다 생활이 중요한 후배들은 각자 살아가는 가치가 근본적으로 다르다. 그래서 어느 모임이나 선후배의 갈등은 있다.

그러나 후배는 무조건 따르고 선배는 항상 이끈다는 생각은 이제 오래된 고정관념일 뿐이다. 모임이 만들어진 목표를 위해 최상의 조건을 갖추기 위해서는 나이보다 실력이 우선되어야 하기 때문이다. 하지만 이것은 어디까지나 이론일 뿐이다.

실제 모임의 현장에서는 나이를 무시하는 서열 구성 등은 모임 근간을 흔드는 큰 도박일 수 있다.

사람들우 조직에서 인사이동이 있을 때, 자신보다 나이가 어린 사람이 위로 올라가면 당연히 나가는 것으로 인식하고 있다. 아직까지 이 인식을 바꾸기 힘들다. 나이별로 모임이나 조직을 만들 수도 없다. 그렇다면 선배는 선배의 자리에서, 후배는 후배의 자리에서 조금씩 양보해야 한다. 선배는 후배의 새로운 시도를 거부하지 않아야 하고, 후배는 선배가 갖고 있는 연륜의 무게에 경의를 표하고 필요하면 도움을 요청해야 한다.

이러한 모습이 자연스러워지려면 서로가 꾸준하게 노력하는 방법밖에 없다. 선배는 우선 어느 정도 일에서 손을 놔야 한다. 특히 회의 때마다 주도권을 잡지 않아야 한다. 선배가 의견을 내면 분위기상 후배들은 그 말을 따라갈 수밖에 없다. 당연히 후배들의 불만은 이만저만이 아닐 것이다.

후배들이 아무리 열심히 해도 모임에 대한 애정은 오랜 세월 몸담아온 선배들을 따라갈 수 없다. 그렇다고 후배들의 애정을 무시해서는 안 된다. 애정이 없으면 모임에 속해 있지 않는다.

후배들은 선배들의 모임과 관련한 진정한 가치를 잊지 말아야 한다. 나이를 먹었다고 절대로 능력이 떨어지는 것은 아니다.

모임에서 나이로 사람을 구분하고 편을 나누는 행동은 정말 바보 같은 짓이다. 나이가 아니라 구성원들의 목표를 이루는 것이 우선되어야 한다. 선배들의 연륜과 후배들의 패기가 어우러진 모임은 계속 발전하고 꾸준하게 성장하면서 구성원들 개개인에게 새로운 자극과 현실적인 도움을 줄 것이다.

환상을 버리자

모임은 모임일 뿐이다. 절대로 그 이상이 될 수 없다. 모임의 구성원들은 가족이라는 명칭을 쓸 수는 있지만 그것은 친밀함의 표현이지 진짜 가족은 아니다.

앞에 나온 '모임의 단계'에서 말한 교류의 단계 정도로 오면 모임 구성원들은 친밀함으로 인해 행복감을 느낀다. 이 모임의 사람들과 함께라면 더 이상 바랄 것이 없을 만큼 만족도가 높다. 점점 더 이상의 친밀함을 기대한다.

하지만 그 기대가 모임 자체에 대한 것이 아니라 구성원들을 향하게 되므로 만족도는 더 이상 올라가지 않고 어느 순간 실망감으로 바뀐다. 그 실망감은 얽힘의 단계 때보다 상처가 더 크다. 배신감을 동반하기 때문이다.

모임은 일상의 이벤트다. 직업적인 동기가 아니며 금전적인 이득과 무관한 순수한 관계이므로 매력 있는 일종의 일탈이다. 모임의 발전을 위한 노력이나 책임감 정도는 갖고 있어야 하지만 모임이 내 일상의 전부가 되어서는 안 된다. 또한 자신이 쏟은 만큼 무언가 돌아올 것을 기다리지 말고 쏟은 것으로 좋았던 추억을 갖는 선에서 충분하게 만족해야 한다.

모임에서 상처받고 탈퇴한 사람들의 이야기를 들어보면 자신이 해놓은 것들에 대한 억울함을 말한다. 억울하면 당연히 상처가 생긴다.

모임은 가볍고 유쾌하게, 나의 의지로 선택 가능한 유연성을 충분히 이용하면서 즐기는 것이 좋다. 그래야 모임에서 상처를 받지 않으면서 오래 참여하게 된다.

6장 상처에서 멀어지기

삶은 소중하다. 그리고 그 소중한 삶을 잘 살아야 한다는 것은 세상 사람이라면 누구나 갖고 있는 소망이다. 그렇게 살기 위한 방법 중 하나가 상처를 주고받지 않는 것이다.

지금까지 상처를 주고받지 않는 방법에 대해 말했다. 그 방법이 우리를 상처에서 벗어나게 해줄 것으로 믿는다. 이제 책을 마무리하면서 내 주변을 정리하고 마음가짐을 여유 있게 하는 방법을 알려주고자 한다. 이 방법은 상처로부터 사전에 멀어지도록 도와주면서 우리의 소중한 삶에 대해 진지하게 생각할 시간을 만들어줄 것이다.

인간관계의 재정비

　상처를 덜 받기 위해서는 자신의 인간관계를 재정비할 필요가 있다. 상처는 결국 사람으로부터 받기 때문이다. 이참에 우정에 대해 생각해보는 것도 좋겠다.

　서양 고대국가에서 전해 내려오는 다몬과 핀티아스의 우정은 초등학교 교과서에 나올 만큼 유명하다. 핀티아스는 시라쿠스의 지도자였던 디오니시우스 1세에 대한 반역죄로 사형을 선고받는다. 죽기 전에 그가 고향의 부모님에게 작별인사를 할 수 있게 하려고 친구인 다몬이 자청해 대신 감옥에 갇힌다. 사형 집행일까지 돌아오지 않으면 다몬이 대신 죽어야 하는 무시무시한 조건까지 걸렸다.

아무도 돌아오지 않을 거라고 생각했지만 사형 집행 직전 핀티아스는 돌아온다. 길이 험해서 그야말로 구사일생으로 돌아오는 바람에 늦은 것이다. 디오니시우스 1세는 두 사람의 우정에 감동하여 둘을 다 풀어줬다.

시대가 영웅을 만들고 난세에 인간애가 빛을 발하는 법이다. 그렇지만 요즘은 영웅이 될 기회도, 일도 없다. 다몬과 핀티아스처럼 친구를 위해 목숨을 바칠 일도 없고 그 비슷한 일이 있어도 주변 상황이 막는다. 말릴 사람이 너무 많고 옥에 갇혀 있는 동안 처리해야 할 밖의 일들이 마음에 계속 걸린다. 무엇보다 친구를 위해 목숨을 내놓을 사람이 요즘 세상에 과연 얼마나 될까?

사실 가족이 아닌 다른 사람들과는 마음을 서로 주고받을 수 있는 정도만 되어도 좋은 관계라고 할 수 있다. 물론 그 관계도 다른 여러 관계처럼 약도 주고 병도 준다는 사실을 간과해서는 안 된다.

그래도 친구가 많으면 좋다. 나이 들어서는 친구밖에 없다고 할 정도로 친구는 인생의 오랜 동반자이다. 친구와 진실한 우정을 나누는 모습은 아름답다.

영화 〈버킷 리스트〉에 나오는 에드워드와 카터는 생의 마지막을 함께 보내는 친구다. 그 둘은 시한부 선고를 받은 채 병원에서 만난다.

재벌이자 사업가인 에드워드는 인수합병이나 고급 커피 외에는 관심이 없다. 평생 적은 수입으로 가족을 부양했던 카터는 자신의 꿈을 잊은 지 오래다. 살아온 인생이 너무 다른 두 사람은 자신의 삶을 돌아본 적이 없다는 점에서 닮았다. 에드워드와 카터는 죽기 전에 해보고 싶은 일의 목록을 적어서 함께 실행에 옮긴다. 그들의 행동은 절박하고 뜨거우며 우정은 아름답다.

영화 〈밀리언 달러 베이비〉는 복서와 트레이너로 만난 두 사람이 나이를 초월한 우정을 만드는 과정을 그렸다. '밀리언 달러 베이비'는 1970년대 미국 유행가 가사에서 유래된 말로 모든 물건이 1센트인 가게에서 백만 달러의 가치를 지닌 물건을 발견한다는 의미다.

복싱체육관을 운영하는 프랭키는 완고한 성격으로 도대체 타협을 모른다. 가족들도 외면할 정도의 성격이다. 현재 그는 좋은 제자들을 다른 체육관에 뺏기고 형편이 좋지 않다.

매기는 사랑받지 못하고 성장했다. 그녀의 가족은 무능하고 그녀의 삶보다 그녀가 자신들에게 주는 돈에만 관심이 있다. 식당에서 일하며 손님이 남긴 음식물로 끼니를 해결하는 매기에게 복싱은 유일한 희망이다.

복서와 트레이너로 만난 둘은 서로의 아픔을 이해하며 시련을 바탕으로 나이를 초월한 우정을 갖는다. 부녀 같기도 하고 친구 같기도 한 두 사람은 제목처럼 서로에게 허름한 곳에서 만난 보물 같은 존재다. 프랭키는 사고로 모든 것을 잃은 매기의 죽음까지 책임진다.

진정한 친구를 갖고 있다면 인생이 외롭지 않다. 그런 인생은 다른 것을 얻지 못했어도 실패한 삶은 아니다. 하지만 진정한 친구를 평소에 알아볼 수 있는 방법은 사실 없다. 극한 상황에 처하면 우정이 보이고 관계의 옥석을 가릴 수 있겠지만 극한 상황은 잘 만들어지지 않는다. 그러니 현재 보이고 느끼는 대로 판단해도 그렇게 무리는 없을 것이다.

마음먹은 대로 되지 않아 어려운 인간관계는 상처의 주요 원인이기도 하다. 인간관계를 재정비하면 상처를 미연에 방지할 수 있다.

이제부터 그 작업을 해보도록 한다. 현재 내 주변에 있는 사람들의 이름을 종이에 다 써본다. 여기에서 부모와 자녀, 배우자는 들어가지 않는다. 그 외에 현재 나와 관계를 맺고 있는 사람은 다 들어간다. 그 사람들을 다 적었으면 다음의 세 그룹으로 분류해본다.

1번 그룹 — 만나면 편한 사람

2번 그룹 — 만나면 긴장하게 되는 사람

3번 그룹 — 별로 신경 안 쓰이는 사람

'3번 그룹'에 속하는 사람들은 당신에게 큰 영향력을 주지 않으므로 상처를 주고받을 일이 거의 없으니 신경을 쓰지 않아도 된다. 그들은 만나도 그만, 만나지 않아도 그만인 사람들일 뿐이다.
'1번 그룹'의 사람들을 다시 두 그룹으로 나눠 본다.

1. 즐거운 사람
2. 유익한 사람

당신에게 가장 좋은 사람은 '유익한 사람'이다. 그 이유는 편하면서 내게 이익을 주기 때문이다. 분명 당신과 코드가 잘 맞고 장점이 많은 사람일 것이다. 그런 장점들이 당신으로 하여금 그를 '유익한 사람'의 그룹에 넣도록 했을 것이다.
'즐거운 사람'과의 만남은 당신의 휴식이나 재충전을 위해 좋다. 그러나 즐거움만을 위한 만남은 발전적이지 않다. 당신이 자신을 변화시키고 싶다면 만남에 현명한 조절이 조금은 필요한 사람들이다.

'즐거운 사람', '유익한 사람'은 당신과 아무런 문제가 없다. 이 사람들은 당신을 이해하기 때문에 편하고 당신도 그들을 이해하고 있다. 그러므로 상처를 주고받는 일이 거의 없다. 이 사람들과 살아가는 삶은 말 그대로 즐겁고 유익하다.

우리가 일생을 통해 만나는 많은 사람 중에 이런 귀한 사람은 많지 않다. 그들은 당신에게 무엇과도 바꿀 수 없는 소중한 사람들이고 돈으로 환산할 수 없는 재산이다.

당신은 이들과의 관계를 당연하게 생각하지 말고 그 관계를 유지하고 발전시키기 위해 노력해야 한다. 편하다고 방치하고 노력하지 않으면 소중한 사람들과의 우정도 변할 수 있다. 우정을 지키기 위한 노력은 유쾌할 뿐 아니라 가치 있는 일이다.

다음은 '2번 그룹'이다. 당신을 긴장하게 하는 것은 분명 이유가 있다. '2번 그룹'에 대해서는 냉정하고 면밀하게 생각할 필요가 있다. 여기에 속한 사람들을 3가지로 나눠 본다.

1. 배울 것이 많은 사람
2. 주로 나에게 도움을 주는 사람
3. 그저 불편함이 느껴지는 사람

배울 것이 많거나 도움을 주는 사람이라도 불편함이 느껴지는 사람은 '그저 불편함이 느껴지는 사람'에 쓰도록 한다.

'배울 것이 많은 사람'은 당신에게 약이 되는 사람이다. 이런 사람이 당신을 긴장하게 하는 것은 당신에게 발전적인 부분이 있거나 발전하고 싶은 욕구가 있기 때문이다. 게다가 배울 것이 많은 사람인데도 불편하지 않다면 그는 가까이할수록 좋은 사람이다. 그와 가까워지기 위해 더 노력하는 것이 좋다. 그는 당신을 끝없이 발전시켜줄 것이다.

'주로 나에게 도움을 주는 사람'이라면 고마운 사람이다. 또 그런 사람이 불편하지 않다면 그는 꽤 훌륭한 인품을 가졌음에 틀림없다. 하지만 당신에게 도움을 주는데도 불구하고 만났을 때 긴장한다는 것은 당신이 그 사람을 가깝게 생각하지 않는다고 볼 수 있다. 또한 도움을 받기 때문에 그럴 수도 있다. 그러나 그는 괜찮은 사람이고 당신을 좋아하는 것이 분명하다. 그에게 늘 예의를 갖추고 기회가 왔을 때 기꺼이 보답하도록 해야 하며 그를 배신하는 일은 없어야 하겠다.

'그저 불편함이 느껴지는 사람'과는 가급적 만나지 않는 것이 좋겠다. 그가 당신에게 불편한 이유는 자질구레하게 많을 것이다. 이 기회에 불편한 이유를 깊이 생각해봐야 한다.

대부분 열등감 때문에 그럴 확률이 높은데 그렇다면 특별한 잘못이 없어도 당신이 불편한 것이므로 쓸데없이 그를 미워해서는 안 된다. 다만 어쩔 수 없이 자주 만나야 하는 위치에 있다면 적당히 방어적이어야 한다. 그는 당신에게 상처를 줄 요소가 꽤 있고 당신도 그에게 상처를 줄 수 있기 때문이다.

방어적으로 대하는 것을 너무 부정적으로 생각하지는 말자. '상처받지 않는 방법'과 '상처를 주지 않는 방법'을 적용하는 것으로 생각하면 된다. 물론 그 방법은 누구에게나 해당되는 것이지만 그 방법을 사용했을 때 상대방에 따라 방어적이 될 수도 있고 친밀함을 갖게 될 수도 있다.

이러한 분류작업은 한 번에 그치지 말고 수시로 하면서 꾸준하게 인간관계를 재정비하자.

인간관계는 삶의 실제 모습이며 항상 현재 진행형이다. '어떻게 살아가는가'의 구체적 방법은 사람들과 어떻게 관계를 맺고 있는가로 알 수 있다. 상처와 멀어지기 위해서는 이런 재정비가 필요하다.

오래, 길게 보자

우리에게 살아갈 날들이 있다는 것은 가장 큰 선물이다.

어려움에 처했을 때는 '곧 끝난다'와 '그렇지 않을 것 같다' 중에서 후자에 마음이 더 쏠린다. 우리에게는 그다음의 시간이 있다. 더 좋을 수 있는 기회 말이다.

고대 그리스 왕 다윗이 궁의 세공인에게 반지를 만들라고 명했다. 반지에는 승리에 도취되어 교만해지는 것을 막고 절망에 빠졌을 때 좌절하지 않을 용기와 희망을 줄 수 있는 글귀를 넣으라고 했다. 아무리 생각해도 좋은 글귀가 떠오르지 않자 세공인은 솔로몬 왕자에게 가서 물었다. 그러자 솔로몬은 유명한 글귀를 만들어준다. '이 또한 지나가리라.'

그래, 지나간다. 시간이 지나면 현재의 고통은 사라지거나 적어도 엷어진다. 어디 그것뿐이랴. 힘든 경험은 그전보다 더 깊고 넓은 사람이 될 수 있게 해준다. 그래서 원수와도 화해하고, 주고받은 상처에 대해 서로 용서하고 용서받을 수 있는 것이다.

오래, 길게 보면 지금보다 조금은 더 나은 결론을 내릴 수 있다. 그렇지 못할 때, 그렇지 못한 사람들을 봤을 때 우리들은 모두 안타까움을 느낀다.

1926년 일본을 출발해 현해탄을 건너던 배에서 김우진과 윤심덕이 바다로 뛰어내렸다. 김우진은 와세다대학교 영문과를 나온 극작가였으며 윤심덕은 동경음악학교를 나온 성악가였다. 그들의 이뤄질 수 없는 사랑이 자살밖에는 해결책이 없었을지 모르지만 그렇게 죽기에는 너무도 아까운 인재들이었다.

당시 1920년대는 낭만주의와 허무주의가 팽배했고 거기에다 조국에 대한 절망감이 겹쳐 고학력자들에게 자살 유혹이 많은 때였지만 그렇다고 해도 꼭 그 방법밖에 없었을까 후세 사람들은 아쉬워한다.

'그때 그렇게 했으면 얼마나 좋았을까'는 사람이라면 누구나 하는 후회다. 20대에 무언가를 했어야 한다는 생각을 하지만 30대에도 또 그 후에도 항상 할 수 있었다는 것을 뒤늦게 알게 된다. 조급함으로 인해 잃어버린 것이 얼마나 많은가 말이다. 사람, 시간, 일 등. 우리가 길게 보지 못하는 것은 어느 정도의 조급함이 습관으로 되었기 때문이다.

절대 용서해줄 수 없었던 사람이었지만 오랜 시간이 지나면 그 일이 사람까지 잃을 만한 것은 아니라는 사실을 알게 된다. 또한 그때 받았던 상처가 사실 그 정도까지 심한 것은 아니었다는 사실도 나중에 알게 된다.

일이 너무 풀리지 않아 세상의 모든 절망을 껴안은 채 살면서 내 인생에 들어올 햇살은 없다는 생각은 조급하다. 추운 겨울, 꽁꽁 얼어붙은 대지가 아무것도 못할 것 같지만 봄이 되면 어김없이 새싹을 내보내지 않는가.

실연의 고통 속에서 다시는 아무도 사랑할 수 없을 것 같지만 절대 그렇지 않다. 오래, 길게 기다리면 어느 날 사랑은 다시 찾아온다.

미국 유일의 4선 대통령이며 뉴딜 정책으로 경제공황을 극복하고 2차 대전을 승리로 이끈 프랭클린 루스벨트에게 최고의 참모이자 내조자는 부인 엘리너 루스벨트였다. 그런 엘리너에게도 시련과 상처가 있었다.

그녀는 1918년 남편의 외도사실을 알았다. 사랑하고 존경했던 남편의 배신으로 하늘이 무너질 만큼 절망했지만 그녀는 남편을 용서하고 받아들였다.

프랭클린은 그로부터 3년 후 소아마비에 걸린다. 엘리너는 7년 동안 남편의 재활훈련을 도왔을 뿐만 아니라 휠체어에 탄 그를 1933년 대통령에 당선시킨다.

영부인이 된 엘리너는 소외된 국민을 위해 뛰어 다녔다. 대공황으로 생활이 어려워지자 연금조기지급을 요구한 퇴역군인들의 천막에 찾아가 노병들을 설득하는 활동 등으로 국민복지에 대한 온정적 실천을 했다. 2차 대전 중에는 군대의 사기를 높이기 위해 미군기지를 비롯해 영국과 남태평양을 순회했다. 프랭클린의 건강이 악화되자 그의 눈과 귀가 되어 제반 현황과 계획, 여론을 수시로 남편에게 보고했다. 사람들은 엘리너가 없었으면 프랭클린 루스벨트도 없었다고 한다. 그녀가 프랭클린의 외도를 받아들이지 않고 상처를 극복하지 못했으면 그 이후의 공적은 존재하지 않았을 것이다. 그녀는 자신의 삶을 오래, 길게 내다보았다.

기꺼이 받아들이고 조용히 극복하는 사람은 강하고 아름답다. 그 사람의 극복은 인내가 아니라 앞으로 맞이할 시간을 위한 준비처럼 숭고해 보인다.

영화 〈아웃 오브 아프리카〉는 느린 사랑과 느린 기다림으로 생을 조급히 살지 말자는 메시지를 준다.

카렌은 자신의 커피 농장이 있는 아프리카로 가서 결혼을 하지만 밖으로 도는 남편과 서로 사랑하지 못하고 이혼한다. 그 후 자상하고 낭만적인 데니스와 사랑에 빠진다. 그러나 마음도, 몸도 한곳에 두지 못하는 데니스와 현실적인 안주를 원하는 카렌은 불안한 사랑을 한다. 카렌은 데니스를 통해 기다리며 사랑하는 것을 배운다.

비행기 사고로 데니스가 죽고 카렌은 덴마크의 집으로 돌아와 그와의 사랑을 글로 쓴다. 카렌에게 아프리카와 데니스는 같은 의미였다. 아프리카의 광활한 대지와 모차르트 클라리넷 협주곡 2악장은 우리들이 겪는 일상의 마찰과 상처들 위에 더 큰 삶이 있음을 기대하게 한다.

기대할 수 있는 미래는 그전보다 확실히 좋다. 그전보다 좋아진다는 것은 고난 후의 가장 큰 이득이다. 바닥에 처박혀 봤으므로 다시는 그렇게 되지 않겠다는 책임을 강하게 지기 때문이다. 실제로 고난 후에 다른 사람이 된 경우를 많이 본다. 그럴 때 갖게 되는 것 중 '따뜻함'이 가장 좋다.

한 번이라도 상처를 받아본 사람은 그 치유과정을 알고 있다.

시간이 지나고 사건이 희미해지면서 마음속에 자리 잡은 다른 무언가가 분명히 있다. 그것은 대부분 자신의 의지로 만들어낸 자기 반성의 결과로 그때 그것보다는 더 잘하겠다는 방향의 전환이다. 전환이 되면 그때부터는 아무리 마음속에 분노가 남아 있어도 모서리는 둥글어지고 튀는 빛깔은 점차 부드러운 색감으로 바뀌어 간다. 바로 성숙함을 의미한다.

잘못한 일은 지금 잘 보이지 않아도 며칠 지나면 전체적인 그림으로 보인다. 그래서 부끄러울 수도 있고 화가 날 수도 있다. 그러나 다시 시간이 흐르면 더 확실하게 보인다.

'아, 그랬구나.'

이런 깨달음은 도 닦은 도사들에게만 오는 것이 아니다. 그래서 그 나이가 되기 전에는 절대 알 수 없는 것이 있고 그 상황을 당하지 않고서는 절대 알 수 없는 것이 있다.

그러므로 지금 상처를 받아도 시간이 지나면 확실히 달라질 수 있다. 상처가 아무리 커도 며칠 후에는 지금보다 덜해질 것이다. 다만 조급함을 버릴 때 가능하다. 지난 삶도 길었지만 앞으로의 삶도 길기 때문에 조급할 필요가 없다. 내가 준 상처와 받은 상처가 아무리 힘들게 해도 우리에게는 다른 시간이 있으므로 희망적이다.

상처받은 사람은 가엾다. 상처를 준 사람도 괴로울 것이므로 가엾다. 그러나 모두에게 다른 삶이 또 있다는 사실은 희망적이다. 그 주체는 항상 자기 자신임을 잊지 말아야 한다.

자, 이제 상처받지 않을 자신감이 생겼는가?
상처 주지 않을 마음의 준비는 되었는가?